GUIA PRÁTICO DE VERBOS COM PREPOSIÇÕES

AUTORES

Helena Ventura   Manuela Caseiro

EDIÇÃO ATUALIZADA E AUMENTADA

3.ª EDIÇÃO

Lidel – edições técnicas, lda.

Da mesma Editora:

- **PORTUGUÊS XXI – NOVA EDIÇÃO**
  Curso de Português Língua Estrangeira estruturado em 3 níveis: iniciação, elementar e intermédio.
  Componentes: Livro do Aluno + CD áudio, Caderno de Exercícios e Livro do Professor.

- **PRATICAR PORTUGUÊS**
  Atividades linguísticas variadas, destinadas a alunos de Português Língua Estrangeira de nível elementar e/ou intermédio.

- **OLÁ! COMO ESTÁ?**
  Curso intensivo de Português Língua Estrangeira destinado a adultos ou jovens adultos.
  Componentes: Livro de Textos, Livro de Atividades (que contém um Caderno de Vocabulário) e CD áudio duplo.

- **VAMOS LÁ COMEÇAR!**
  Explicações e exercícios de gramática e vocabulário em 2 volumes (nível elementar).

- **NOVO PORTUGUÊS SEM FRONTEIRAS 1**
  Destina-se a aprendentes principiantes, cobrindo as estruturas gramaticais e lexicais básicas do nível de iniciação e elementar. Inclui CD áudio duplo que contém as gravações dos diálogos, textos e exercícios de oralidade.

- **QUAL É A DÚVIDA?**
  Livro de exercícios destinado a alunos de nível intermédio, intermédio alto e avançado.

- **GUIA PRÁTICO DOS VERBOS PORTUGUESES**
  Manual prático de conjugação verbal. Inclui verbos com preposições e particularidades de conjugação de alguns verbos no Brasil. Contém cerca de 12.000 verbos.

- **LER PORTUGUÊS**
  Coleção de histórias originais de leitura fácil e agradável, estruturada em 3 níveis.

- **PORTUGUÊS ATUAL 1 e 2**
  Destinam-se ao ensino/aprendizagem de Português Língua Estrangeira, níveis A1, A2 e B1/B2 e pretendem ser livros de apoio, na sala de aula e/ou em trabalho autónomo. Incluem ainda um CD áudio.

- **ENTRE NÓS 1, 2 e 3 (EM PREPARAÇÃO)**
  Método de Português Língua Estrangeira que contempla os níveis A1, A2, B1 e B2. Cada conjunto de materiais pressupõe entre 100 a 120 horas de trabalho, englobando o trabalho na sala de aula e o estudo autónomo.

- **NA ONDA DO PORTUGUÊS 1, 2 e 3**
  Projeto pedagógico destinado ao ensino de Português Língua Estrangeira e Português Língua Segunda, dirigido a jovens alunos, que privilegia uma abordagem comunicativa por competências e tarefas.

- **GRAMÁTICA ATIVA 1 e 2**
  Destinam-se ao ensino de Português Língua Estrangeira ou Português Língua Segunda e contêm explicações claras e aplicação prática das principais estruturas dos níveis elementar e pré-intermédio – Gramática Ativa 1, e dos níveis intermédio e avançado – Gramática Ativa 2.

EDIÇÃO E DISTRIBUIÇÃO

Lidel – edições técnicas, lda.

ESCRITÓRIO: Rua D. Estefânia, 183, r/c Dto. – 1049-057 Lisboa
Internet: 21 354 14 18 – livraria@lidel.pt
Revenda: 21 351 14 43 – revenda@lidel.pt
Formação/Marketing: 21 351 14 48 – formacao@lidel.pt/marketing@lidel.pt
Ensino Línguas/Exportação: 21 351 14 42 – depinternacional@lidel.pt
Linha de Autores: 21 351 14 49 – edicoesple@lidel.pt
Fax: 21 352 26 84

LIVRARIA: Av. Praia da Vitória, 14 – 1000-247 Lisboa – Telef. 21 354 14 18 – Fax 21 317 32 59 – livrarialx@lidel.pt

Copyright © setembro 2011 (3.ª Edição atualizada e aumentada); setembro 1996 (1.ª Edição)
Reimpressão de julho de 2013
Lidel – Edições Técnicas, Lda.
ISBN: 978-972-757-796-5

Pré-Impressão: REK LAME Multiserviços Gráficos & Publicidade, Lda.
Impressão e acabamento: Cafilesa – Soluções Gráficas, Lda. – Venda do Pinheiro
Depósito Legal: 332835/11

Capa: José Manuel Reis

Este pictograma merece uma explicação. O seu propósito é alertar o leitor para a ameaça que representa para o futuro da escrita, nomeadamente na área da edição técnica e universitária, o desenvolvimento massivo da fotocópia.
O Código do Direito de Autor estabelece que é crime punido por lei, a fotocópia sem autorização dos proprietários do *copyright*. No entanto, esta prática generalizou-se sobretudo no ensino superior, provocando uma queda substancial na compra de livros técnicos. Assim, num país em que a literatura técnica é tão escassa, os autores não sentem motivação para criar obras inéditas e fazê-las publicar, ficando os leitores impossibilitados de ter bibliografia em português.
Lembramos portanto, que é expressamente proibida a reprodução, no todo ou em parte, da presente obra sem autorização da editora.

INTRODUÇÃO

A ideia da elaboração deste guia prático resultou das solicitações feitas pelos estudantes estrangeiros, ao longo dos vários cursos por nós ministrados no Departamento de Língua e Cultura Portuguesa da Faculdade de Letras de Lisboa.

O emprego correto da preposição é, de facto, um problema para qualquer estudante de uma língua estrangeira. Assim, com este trabalho, procuramos dar resposta às necessidades sentidas pelos nossos alunos e, simultaneamente, por todos os que desejem conhecer melhor a língua portuguesa.

Igualmente, dirigimos este dicionário aos filhos de portugueses, que nasceram e vivem em países estrangeiros, para quem a língua portuguesa se vai tornando uma recordação cada vez mais longínqua.

Não foi nossa intenção produzir um trabalho de carácter científico, mas antes, um instrumento prático, funcional e de utilização imediata. Por esta razão, decidimos suprimir alguns verbos cuja utilização nos pareceu de uso menos frequente.

Esperamos que, através do nosso empenhamento, possamos contribuir para que a língua portuguesa se divulgue, se mantenha viva e perdure para além dos limites de espaço e de tempo.

As autoras

CÓDIGO DE ABREVIATURAS:

alg. = alguém
alg. c. = alguma coisa
cal. = calão
ex. = exemplo
fig. = sentido figurado
o m.q. = o mesmo que
pop. = uso popular
prov. = provérbio
q.q. = qualquer

A

abalançar-se a — atrever-se a, arriscar-se a.
Ex.: O António abalançou-se a fazer o trabalho que lhe pediram.

abalar de — partir de.
Ex.: Nós abalámos do Alentejo às quatro horas.

abalar para — partir para.
Ex.: Abalámos para Lisboa de manhã cedo.

abalizar-se em — distinguir-se em.
Ex.: Desde muito jovem, Vianna da Mota abalizou-se na música, nomeadamente no piano.

abalroar com — chocar com.
Ex.: O navio abalroou com um pequeno barco de pescadores.

abanar-se com — agitar o ar com abano.
Ex.: Fazia calor e as senhoras abanavam-se com leques.

abancar a — sentar-se à mesa ou a uma banca.
Ex.: Os jovens abancaram a uma das mesas até de madrugada.

abancar em — ficar em, sentar-se em.
Ex.: Abancámos todo o dia em casa da Conceição.

abandonar-se a — [1] entregar-se a, [2] deixar-se arrastar por.
Ex.: [1] Abandonava-se à doença e não se esforçava por melhorar. [2] Quando era jovem, ele abandonava-se a todo o tipo de vida boémia.

abarbatar-se com — apoderar-se de, furtar.
Ex.: Abarbatou-se com o dinheiro da empresa e fugiu para o estrangeiro.

abarracar em — acampar em.
Ex.: Abarracámos numa praia deserta.

abarrotar de — estar muito cheio de.
Ex.: O cesto abarrotava de fruta; não cabia mais nada.

abarrotar-se de — empanturrar-se de, encher-se de.
Ex.: As crianças abarrotaram-se de chocolates.

abastar a — ser suficiente para.
Ex.: O pouco que tinha não abastava às despesas diárias.

abastar-se com — contentar-se.
Ex.: Abastava-se com a vida de pastor, falando com as suas ovelhas.

abastecer(-se) de — prover(-se) de, fornecer(-se) de.
Ex.: Fomos ao supermercado e abastecemo-nos de queijo antes de partirmos para férias.
O ministro abasteceu de computadores, todos os gabinetes.

abater(-se) sobre — ¹ cair sobre, atingir, ² fustigar.
Ex.: ¹ O teto da sala abateu sobre as pessoas que se encontravam lá dentro. ² Uma forte tempestade abateu-se sobre a região do Douro, destruindo muitas vinhas.

abdicar de — ¹ desistir de, ² renunciar voluntariamente a.
Ex.: ¹ Não quero abdicar dos meus direitos. ² O monarca abdicou do trono, cedendo-o ao seu irmão.

abeirar-se de — chegar-se a, aproximar-se de.
Ex.: Abeirou-se do precipício e recuou imediatamente, assustado.

abespinhar-se com *alg*. — irritar-se com alg., zangar-se com alg.
Ex.: Abespinhou-se com os colegas por uma questão de pouca importância.

abicar a — aproximar-se de.
Ex.: O barco abicou ao cais.

abichar-se com — governar-se com.
Ex.: Abichou-se com o primeiro prémio da lotaria.

abnegar de — renunciar voluntariamente a.
Ex.: Abnegou de si própria e dedicou-se às missões religiosas.

aborrecer *alg*. **com** — maçar alg. com.
Ex.: O senhor Santos aborrecia o filho com frequentes repreensões.

aborrecer-se com — amuar com, incomodar-se com.
Ex.: Estou triste, aborreci-me com o meu namorado; aborreci-me com o que ele me disse.

aborrecer-se de — ¹ cansar-se de, ² enfastiar-se de.
Ex.: ¹ Aborreci-me de ver televisão todas as noites. ² Aborreci-me da minha empregada. Jacinto aborrecia-se da vida agitada da cidade.

abotoar-se com *(fig.)* — usar em proveito próprio, aproveitar de modo pouco honesto.
Ex.: Ele abotoou-se com o dinheiro da tia.

abraçar-se a *alg*. — envolver com os braços.
Ex.: Abraçou-se a ela antes de partir.

abrigar *alg*. **em** — dar abrigo ou proteção em, acolher alg. em.
Ex.: Abriguei-o em minha casa enquanto ele estava doente.

abrigar-se de — proteger-se de, defender-se de.
Ex.: O João abrigou-se da chuva e do vento.

abrigar-se em — o m.q. recolher-se em.
Ex.: Abrigaram-se numa velha cabana de lenhadores.

abrir com — iniciar-se, começar com.
Ex.: O ano abriu com negras perspetivas.

abrir para — ter passagem para outro local mais amplo, dar para.
Ex.: *O salão abria para um lindo jardim.*

abrir-se com — revelar algo a alg., contar segredos a alg.
Ex.: *Durante o jantar a Teresa abriu-se com a mãe.*

absolver de — ilibar de culpa, considerar inocente.
Ex.: *O réu foi absolvido da acusação que lhe faziam.*

absorver-se em — concentrar-se em.
Ex.: *O escritor absorve-se totalmente no romance que anda a escrever.*

abster-se de — evitar, privar-se de.
Ex.: *Abstenho-me de dar opinião sobre esse assunto.*
Durante algum tempo, absteve-se do álcool.

abstrair-se de — não pensar em, alhear-se de.
Ex.: *O trabalho ajudava-a a abstrair-se dos seus problemas pessoais.*

abundar em — ter grande quantidade.
Ex.: *O Alentejo abunda em cereais, sobretudo em trigo.*

abusar de — fazer mau uso de, usar demasiado.
Ex.: *Por favor, não abuses da minha paciência!*

acabar com — [1] consumir totalmente, [2] fazer cessar, [3] terminar uma relação, [4] matar, destruir.
Ex.: [1] *Acabei com os chocolates em pouco tempo.* [2] *O governo acabou com a corrupção.* [3] *A Ana acabou com o namorado.* [4] *Ele bateu-lhe tanto que quase acabou com ela. O vinho acabou com ele.*

acabar de — indica ação recém-concluída.
Ex.: *O avião acaba de chegar.*

acabar em — ter um desfecho, ter um fim.
Ex.: *O Paulo acabou em drogado. O casamento deles acabou em divórcio.*

acabar por — tomar uma decisão final.
Ex.: *Depois de tanto pensar no assunto, acabei por aceitar o convite.*

acamaradar com — conviver com.
Ex.: *Quando ele era jovem, acamaradava com os maiores boémios da cidade.*

acantonar-se em — alojar-se em, aquartelar-se em (tropas).
Ex.: *As tropas acantonaram-se numa aldeia abandonada.*

acarear com — confrontar com, pôr cara a cara.
Ex.: *O pintor acareou o original com a cópia. O juiz acareou o acusado com as testemunhas de acusação.*

acarear-se com *alg.* — manifestar-se cara a cara com alg.
Ex.: *Acareou-se com a testemunha e, pelas contradições, concluiu que era testemunha falsa.*

acasalar com — juntar(-se) para reprodução (animal); fazer par com.

Ex.: Um cavalo pode acasalar com uma burra. Essas meias não acasalam uma com a outra.

acautelar alg. **de** — prevenir alg. de.
Ex.: Acautelei a Manuela do perigo de ter aquele cão tão agressivo.

acautelar-se com — precaver-se contra, usar de cautela com.
Ex.: Quando andares de autocarro, acautela-te com os carteiristas.

acautelar-se de — proteger-se de.
Ex.: O Nuno acautelou-se do frio comprando um aquecedor.

aceder a — [1] anuir a, aceitar, [2] alcançar, ter acesso a.
Ex.: [1] *Ele acedeu a dar mais dinheiro ao filho. Eu acedi ao pedido dele.* [2] *O Joaquim acedeu ao cargo de administrador da empresa.*

acenar com — [1] fazer movimento com cabeça ou mão; [2] prometer alg. c. a alg.
Ex.: [1] *Tinha um lenço na mão e acenei-lhe com ele antes de partir.* [2] *O padrinho acenou-lhe com um cargo na empresa (fig.).*

acercar-se de — aproximar-se de, abeirar-se de.
Ex.: O Esteves acercou-se do amigo para conversar com ele.

acertar com — o m.q. atinar com.
Ex.: A Ana não conseguia acertar com o buraco da fechadura.

acertar em — sair-se bem de alg. tentativa.
Ex.: Jogou pela primeira vez e acertou em todos os números. A flecha acertou no alvo. O ministro acertou na escolha dos seus colaboradores.

acertar de — acontecer, calhar.
Ex.: Naquele momento inoportuno acertou de tocar o telefone.

achar de — ter opinião sobre.
Ex.: O que é que achas da tua professora de Português?

achar-se com — receber apoio de.
Ex.: Durante a minha convalescença, foi com a Leonor que me achei.

achar-se em — encontrar-se em.
Ex.: Após alguns meses afastada, achei-me, finalmente, em paz. O professor acha-se em reunião.

achegar-se a — encostar-se a, aproximar-se de.
Ex.: As crianças achegaram-se à mãe para atravessarem a rua.

aclimar-se a — o m.q. aclimatar-se a.

aclimatar-se a — habituar-se a, adaptar-se a um meio diferente.
Ex.: Foi fácil para o John aclimatar-se a Portugal.

acobertar-se com — defender-se com, usar como proteção.
Ex.: Acobertava-se com a sua origem aristocrática e com as boas maneiras.

açodar-se em — apressar-se em.
Ex.: Açodava-se na preparação do jantar.

acoimar de — acusar de.
Ex.: Acoimaram-no de mentiroso e hipócrita.

acometer contra — atacar, investir contra.
Ex.: *A polícia de choque acometeu contra os estudantes.*

acomodar-se a — adaptar-se a, conformar-se com.
Ex.: *Não consigo acomodar-me àquela situação.*

acomodar-se em — o m.q. alojar-se em, encontrar posição confortável.
Ex.: *O Pedro acomodou-se num pequeno hotel. A Maria acomodou-se no sofá para ver televisão.*

acompanhar com — [1] relacionar-se com, conviver com, associar-se a, [2] ser servido juntamente com.
Ex.: [1] *A filha do Jaime só gosta de acompanhar (com) rapazes mais velhos que ela.* [2] *Esse prato de peixe acompanha com batata e legumes.*

aconchegar-se a — procurar proteção de, encostar-se a.
Ex.: *Aconchegaram-se um ao outro para não sentirem o frio.*

aconselhar *alg.* **a** — sugerir alg. c. a alg.
Ex.: *Aconselhei-a a não sair de casa.*

aconselhar-se com *alg.* — pedir conselho a.
Ex.: *Aconselhei-me com a minha avó, que é uma mulher inteligente e sensata.*

acontecer com — ocorrer em.
Ex.: *É uma cultura resultante da fusão de outras culturas, como acontece com a cultura brasileira.*

acoplar com — unir (circuitos, motores, peças).
Ex.: *Acoplámos uma parte do circuito elétrico com a outra parte.*

acordar em — fazer acordo relativo a.
Ex.: *Ambos acordaram no preço da casa.*

acordar para (fig.) — o m.q. despertar para.
Ex.: *Só aos trinta anos acordou para a política.*

acorrentar a — amarrar a, subjugar a.
Ex.: *Acorrentei a bicicleta ao poste. Vivia acorrentada aos preconceitos dos pais (fig.).*

acorrer a — acudir apressadamente a, atender a, ajudar.
Ex.: *O médico acorreu ao local do acidente.*
Não havia meios para acorrer a todos os feridos.

acorrer em — acudir, ir em socorro de alg.
Ex.: *O médico acorreu em socorro dos feridos.*

acostar a — encostar a.
Ex.: *O barco acostou ao cais ao fim da tarde.*

acostar-se a — basear-se em.
Ex.: *Acostámo-nos à origem do vocábulo.*

acostumar-se a — habituar-se a, adquirir hábito ou costume de.
Ex.: *Acostumei-me a ler antes de dormir.*

acreditar em — [1] dar crédito a, [2] crer em.

Ex.: [1] *Era um mentiroso, por isso ninguém acreditava nele.* [2] *Os católicos acreditam em Deus.*

acrescentar *alg. c.* **a** — o m.q. juntar alg. c. a.
Ex.: Acrescentámos mais água ao concentrado de sumo de laranja.

acrescer a — juntar-se a, aumentar.
Ex.: Os bens da Joana acresceram aos do marido, pelo casamento.

acudir a — socorrer.
Ex.: A Maria acudiu ao filho que estava com problemas.

acudir com — tentar ajudar com.
Ex.: Acudi-lhe com algum dinheiro para a libertar daquela situação.

acudir em — prestar auxílio.
Ex.: As enfermeiras acudiram em socorro da doente.

acudir por — tomar a defesa de.
Ex.: Durante a discussão eu acudi pelo meu irmão.

acumular-se de — encher-se de.
Ex.: A rua acumulou-se de pessoas que queriam ver o presidente.

acusar *alg.* **de** — culpar alg. de.
Ex.: O pai acusou-o de mentiroso.

adaptar-se a — ambientar-se a, ajustar-se a.
Ex.: Alguns estrangeiros adaptam-se ao modo de vida português muito facilmente.

adensar-se de — encher-se de.
Ex.: O ar adensava-se de fumo da refinaria.

adequar-se a — corresponder a, ser apropriado a, adaptar-se a.
Ex.: Este exemplo adequa-se perfeitamente ao contexto.
Aquele trabalho adequava-se à sua personalidade.

adereçar com — ornamentar com, ornar com.
Ex.: Aderecei o texto com algumas figuras de estilo.

aderir a — ligar-se a, associar-se a.
Ex.: Aderimos às ideias do movimento ecológico.

adestrar para — exercitar para.
Ex.: Adestraram os cães para a caça às raposas.

adiantar-se a — antecipar-se a.
Ex.: O meu pai adiantou-se a mim e comprou-me o bilhete.

adiantar-se em — exceder-se em.
Ex.: Ela adiantou-se nos comentários que fez sobre o sucedido.

adiar para — transferir para outro dia.
Ex.: Adiaram o jogo para a semana seguinte.

adicionar *alg. c.* **a** — juntar a, acrescentar a.
Ex.: Habitualmente adicionamos açúcar ao café.

aditar a — adicionar a, juntar a.
Ex.: O advogado aditou mais umas cláusulas ao contrato.

adjudicar a — atribuir a (geralmente por concurso público).
Ex.: O Governo adjudicou a obra da Ponte Vasco da Gama a uma empresa estrangeira.

admirar *alg.* **por** — maravilhar-se com alg., sentir respeito por alg.

Ex.: Admiro Madre Teresa de Calcutá pela sua imensa generosidade.

admirar-se com/de — espantar-se com, surpreender-se com.
Ex.: Admirei-me com a/da sua coragem.

admirar-se de/por — ficar surpreendido com algum facto.
Ex.: A Helena admirou-se de/por saber que a amiga foi viver para a Finlândia.

admitir *alg*. **a** — aceitar alg. para.
Ex.: O empresário admitiu-a ao serviço da sua empresa.

admitir *alg. c.* **a** *alg*. — tolerar alg. c., permitir alg. c. a alg.
Ex.: Não admito falta de respeito aos meus alunos.

admitir *alg*. **em** — incluir alg. em.
Ex.: Admitiram-na no curso de nível avançado.

admoestar a — avisar, aconselhar a.
Ex.: Admoestei-o a usar outro tipo de linguagem quando falasse comigo.

admoestar de — advertir de, chamar a atenção para.
Ex.: O chefe admoestou-a do seu frequente absentismo.

adoçar *alg. c.* **com** — juntar doce.
Ex.: Ele adoça o café com sacarina.

adocicar com — o m.q. adoçar com.

adoecer com — ficar doente com.
Ex.: Adoeceram com gripe.

adoecer de — ficar doente por causa de.

Ex.: Ela adoeceu de cansaço por excesso de trabalho.

adormecer sobre (um assunto) — não prestar atenção, desinteressar-se de.
Ex.: O ministro adormeceu sobre o assunto e o caso caiu no esquecimento (fig.).

adornar(-se) com/de — o m.q. enfeitar(-se) com.

adquirir *alg. c.* **por** — o m.q. comprar alg. c. por.

adubar com/de — condimentar com (alimentos), enriquecer com (solo).
Ex.: Adubaram o caldo com/de açafrão e cravinho da índia. Adubaram o solo com estrume de vaca.

advertir *alg*. **de** — chamar a atenção de alg. para, avisar.
Ex.: O Francisco advertiu a secretária da gravidade da situação.

advir a — acrescer a, aumentar.
Ex.: A doença súbita da mãe advém aos outros problemas da família.

advir de — resultar de.
Ex.: Aquela atitude descontrolada adveio do facto de ela estar deprimida e triste.

afadigar-se a/em (+ *infin*.) — esforçar-se por.
Ex.: Todos se afadigavam a/em preparar a sala para a festa.

afadigar-se com — cansar-se com.
Ex.: Afadigava-se com a preparação meticulosa das aulas.

afanar-se em — atarefar-se em.
Ex.: Afanaram-se em preparar o teatro para a representação da peça.

afanar-se por — cansar-se, esgotar-se por.
Ex.: Afanava-se por ganhar mais, fazendo horas extraordinárias.

afastar alg. ou alg. c. **de** — distanciar alg. ou alg. c. de.
Ex.: Os pais tentaram afastá-lo das más companhias.
Afastei a cadeira da parede.

afastar alg. c. **para** — desviar alg. c. para.
Ex.: Afastámos a mesa para o canto da sala.

afastar-se de — distanciar-se de.
Ex.: Afastei-me dos meus amigos para poder refletir sobre os meus problemas.

afazer-se a — habituar-se a.
Ex.: Teve de afazer-se à ideia de que precisava de trabalhar para poder continuar os estudos.

afeiçoar-se a — criar afeição a, criar amizade a.
Ex.: Ao longo dos anos afeiçoou-se muito à empregada.

aferir por — avaliar por.
Ex.: A amizade não se afere por palavras, mas sim por atos.

aferrar-se a — fixar-se ou apegar-se a.
Ex.: Aferrou-se àquela ideia e não desistia. Tentavam aferrar-se à vida num esforço desesperado de salvação.

aferrolhar(-se) em — fechar(-se) em.
Ex.: O pai aferrolhava-a em casa, longe da vista de todos. Aferrolhou-se num convento e de lá não saiu mais.

afervorar-se em — encher-se de fervor, de dedicação a.
Ex.: Afervorou-se na religião e passava os dias na igreja.

afetar a — atribuir a, destinar a.
Ex.: O Governo afetou essas despesas ao orçamento-geral do Estado. Os jovens recrutas foram afetados à Unidade de Cavalaria.

afetar em — prejudicar em.
Ex.: Aparentemente, a perda do marido não a afetou em nenhum aspeto.

afiançar em — caucionar em.
Ex.: O homem detido foi afiançado em mil euros para poder aguardar julgamento em liberdade.

afinar-se por — harmonizar-se com.
Ex.: Os meus interesses afinam-se pelos teus.

afincar-se a — ficar preso ou apegado a uma ideia fixa.
Ex.: Afincou-se à ideia de emigrar.

afirmar-se entre/perante — distinguir-se, evidenciar-se entre/perante.
Ex.: O jovem escritor procurou afirmar-se entre/perante os intelectuais da época.

afligir-se com — preocupar-se com.
Ex.: Aquele pai aflige-se tanto com os problemas do filho!

aflorar a — surgir em, vir ao cimo de, emergir em.
Ex.: Com a psicanálise, os problemas afloram ao consciente.
Aflorou-me ao pensamento a ideia de fazer um curso de psicologia.

aflorar em — emergir em.
Ex.: A rocha aflora em toda aquela zona.

afluir a — correr em determinada direção, convergir a.
Ex.: O rio aflui ao Mediterrâneo. Os estudantes afluíam à entrada do Ministério da Educação. As reclamações afluíam ao gabinete do presidente.

afoitar-se a — atrever-se a, arriscar.
Ex.: O João não se afoitou a nadar fora de pé.

afreguesar-se com *alg. c.* — apoderar-se do que é alheio.
Ex.: Afreguesou-se com o terreno do vizinho.

afundar-se em — [1] ir ao fundo em, [2] ficar em baixo, ficar deprimido com (fig.).
Ex.: [1] O navio afundou-se no mar alto. [2] A Patrícia afundou-se em pensamentos negativos.

agachar-se a — submeter-se a.
Ex.: Foram muitos os vexames a que teve de se agachar.

agarrar-se a — [1] segurar-se a, [2] apoiar-se em (fig.), [3] prender-se a, [4] ligar-se a (fig.).
Ex.: [1] Agarrei-me ao corrimão da escada para não cair. [2] Agarrei-me a pensamentos positivos para não perder a coragem. [3] A lama agarrava-se-lhe aos sapatos. [4] Era um homem que se agarrava à terra com amor.

agasalhar-se com — proteger-se com.
Ex.: No inverno, agasalhamo-nos com roupa de lã.

agastar-se com — aborrecer-se com, ofender-se com.
Ex.: Agastou-se com a amiga porque não gostou do que ela lhe disse.

agir *(o m.q. atuar)* **contra** — proceder ou manifestar-se contra.
Ex.: A oposição agiu contra as reformas do governo.

agir por — comportar-se, proceder com um motivo.
Ex.: Não agiu por bondade, mas por egoísmo.

agir segundo — atuar conforme, de acordo com.
Ex.: O homem agiu segundo as suas convicções religiosas.

agir sobre — produzir efeito em.
Ex.: O medicamento não agiu sobre o doente.

agoniar-se com — sentir enjoo com/de.
Ex.: Agoniei-me com o sabor do peixe cru.

agraciar com — conceder uma distinção, conceder perdão.
Ex.: O Presidente da República agraciou-a com a Ordem do Infante D. Henrique. O Presidente da República agraciou os presos com uma amnistia.

agradar a *alg.* — [1] causar agrado a, [2] causar satisfação a.
Ex.: [1] Ele fazia os possíveis por agradar à sogra. [2] A situação agradava, não só ao presidente, mas também aos ministros.

agradar-se de — gostar de.
Ex.: Agradou-se tanto da casa que quis logo comprá-la.

agradecer a *alg*. — manifestar gratidão a alg.
Ex.: Agradecemos aos nossos filhos o bonito presente que nos deram.

agredir *alg*. **com** — ¹ atingir com, ² magoar com, ofender com.
Ex.: ¹ Os manifestantes agrediram os polícias com pedras. ² Por vezes, os jovens tentam agredir os pais com palavras violentas (fig.).

agregar-se a — juntar-se a, associar-se a.
Ex.: A empresa portuguesa agregou--se a uma empresa alemã.

agrupar(-se) em — reunir(-se) em, pôr(-se) em grupo.
Ex.: ¹ Agrupamos os alunos em três filas. ² Os números agrupam-se em conjuntos de números pares e ímpares.

aguentar(-se) com — suportar.
Ex.: Não aguento com o peso dos sacos das compras.
Ela tem-se aguentado bem com os problemas que lhe surgem.

aguilhoar com — espicaçar com, atormentar com.
Ex.: O marido aguilhoava-a com ameaças de divórcio.

ajeitar-se a — acomodar-se a, habituar-se a.
Ex.: Ele não se ajeitava àquela vida de reuniões sociais frequentes.

ajoujar(-se) de — estar carregado de.
Ex.: A macieira ajoujava(-se) de maçãs.

ajudar *alg*. **a** — dar ajuda a.
Ex.: Ajudei-a a tomar uma decisão após termos discutido o assunto.

ajudar a *alg*. *c*. — dar ajuda para a realização de.
Ex.: Contra a minha vontade, tinha de ajudar à missa todos os domingos.

ajudar a (+ *infin.*) — dar apoio na realização de uma ação.
Ex.: Ajudei a limpar a sala. Ajudei a congregar as partes em litígio.

ajudar em — dar ajuda em.
Ex.: *O Vítor ajuda em todas as tarefas domésticas.*

ajuizar de — formar uma opinião sobre.
Ex.: Ajuizou dos motivos da contenda.

ajuntar a — o m.q. juntar a.

ajuntar(-se) com — o m.q. juntar--se com.

ajustar a — encaixar em, fazer coincidir com.
Ex.: O operário ajustou a peça ao eixo principal da máquina.

ajustar com *alg*. — fixar pagamento com alg.
Ex.: Ajustei o preço do carro com o vendedor.

ajustar-se a — adaptar-se a, adequar-se a.
Ex.: O meu pai não se ajusta às recentes mudanças políticas.
O vestido ajustava-se perfeitamente ao corpo dela.
Este exemplo ajusta-se bem ao contexto.

ajustar-se com — chegar a acordo com, fixar-se com.

Ex.: O rapaz lá se ajustou finalmente com o pai da namorada quanto ao casamento.

alagar-se com — inundar-se com.
Ex.: Os campos alagaram-se com as cheias do rio.

alagar-se em — encher-se de.
Ex.: Os olhos da rapariga alagaram-se em lágrimas.

alambazar-se com/em — comer demais, encher-se de.
Ex.: As crianças alambazaram-se com/em chocolates até não poderem comer mais.

alancar com — carregar com, suportar.
Ex.: A velhota teve que alancar com o molho de lenha até casa.

alapar-se em — instalar-se em, refastelar-se em.
Ex.: Alapou-se em casa da amiga durante toda a tarde. Alapou-se no sofá da sala.

alapardar-se em — refastelar-se em, ficar com o que não lhe pertence.
Ex.: Alapardou-se no sofá da sala. Alapardou-se com o dinheiro da tia.

alargar-se a — abranger, estender-se a.
Ex.: As medidas do governo alargavam-se a todo o país.

alargar-se em — exceder-se em.
Ex.: Alargaram-se em comentários supérfluos e não analisaram o essencial.

alargar-se por — o m.q. expandir-se por.

alarmar-se com — assustar-se com.
Ex.: Não nos alarmámos com a brusca subida de preços, porque a achávamos necessária.

alastrar em/por — espalhar-se por.
Ex.: A fome alastrava em/por todo o país e as pessoas morriam às centenas.

albergar-se de — proteger-se de, abrigar-se de.
Ex.: Alberguei-me da chuva debaixo de um pinheiro.

albergar-se em — hospedar-se em, abrigar-se em.
Ex.: Albergaram-se num pequeno motel. Albergava-se frequentemente em casa de um amigo.

alcançar *alg.* **com** — o m.q. atingir alg. com.

alcançar *alg.* **de** — conseguir alg. c. de alg.
Ex.: Vendo que não alcançava nada dele, desistiu dos seus intentos.

alcandorar-se em — empoleirar-se em.
Ex.: Os pássaros alcandoravam-se nos troncos das árvores.

alcunhar *alg.* **de** — apelidar de, pôr alcunha de.
Ex.: Alcunharam-no de "Pantera" porque corria muito depressa.

alegar em — invocar motivos ou razões.
Ex.: Essas afirmações não alegam em sua defesa.

alegrar-se com — ficar alegre com.
Ex.: A Ana alegrou-se com a chegada da primavera.

alegrar-se de/por (+ *infin.*) — ficar alegre por.
Ex.: *Também se alegrou de/por ver chegar as andorinhas.*

alentar-se em — animar-se em, estimular-se em.
Ex.: *Alentava-se nos tratamentos através de pensamentos positivos.*

alertar *alg.* **para** — pôr alerta para, avisar para.
Ex.: *A polícia alertou a população para a possibilidade de novo ataque das tropas inimigas.*

alhear-se de — ficar indiferente a, afastar-se de, pôr-se de parte.
Ex.: *Não devemos alhear-nos das nossas responsabilidades.*
O poeta alheava-se da realidade e construía o seu mundo próprio.
Alheou-se do assunto porque o tema não lhe interessava.

aliar-se a/com — ligar-se a/com.
Ex.: *Aquele partido aliou-se aos/com os "verdes" para conseguir mais votos.*

alicerçar-se com — consolidar-se com.
Ex.: *Uma grande amizade alicerça-se com afeto, dedicação e generosidade.*

alicerçar-se em — basear-se em, apoiar-se em.
Ex.: *Algumas ideias políticas alicerçam-se, por vezes, em bases falsas.*

aliciar *alg.* **a/para** — atrair alg. com falsas promessas, seduzir alg., tentar convencer.
Ex.: *O vendedor aliciou o Luís a/para trocar de carro.*

aliciar com — seduzir com.
Ex.: *Por vezes somos aliciados com publicidade falsa.*

alienar-se de — o m.q. alhear-se de.

alimentar(-se) a/com/de — ingerir como alimento.
Ex.: *Nas férias alimentava-se sobretudo a/com/de fruta e leite.*
O cachorro foi alimentado a/com biberão.

alindar(-se) para — adornar(-se) para, embelezar(-se) para.
Ex.: *Alindou-se para a chegada do namorado. Alindámos a casa para a festa de aniversário.*

alinhar com *alg.* (*cal.*) — partilhar as mesmas ideias com alg., acompanhar com alg.
Ex.: *A certa altura, comunistas e ecologistas começaram a alinhar uns com os outros. Ultimamente, a Joana tem alinhado muito com a Manuela.*

alinhar em — participar numa ação coletiva.
Ex.: *Alinho em escrevermos uma carta de protesto ao ministro.*

alisar com — tornar liso, aplanar com.
Ex.: *Alisei o cabelo com um produto especial. Alisou a madeira com uma plaina.*

alistar-se em — incorporar-se em, integrar-se em.
Ex.: *O António alistou-se no exército aos 18 anos.*

aliviar *alg.* **de** — dar alívio de, atenuar.
Ex.: *A aspirina aliviou-o das dores de cabeça.*
O teu sucesso no exame, aliviou-me da ansiedade que sentia.

aliviar-se de — libertar-se de.
Ex.: *Aliviei-me do problema depois de o discutir abertamente.*

almejar por — ansiar por.
Ex.: *Almejava por se libertar daquele marido possessivo e obsessivo.*

alojar-se em — instalar-se em, acomodar-se em, hospedar-se em.
Ex.: *Alojaram-se num hotel, em Lisboa, em ótimas condições.*

alombar com — carregar com.
Ex.: *Tive de alombar com os sacos até ao quarto andar.*

alongar-se em — demorar-se em.
Ex.: *O conferencista alongou-se em citações desnecessárias.*

alterar *alg. c.* **para** — mudar para.
Ex.: *A Ana ia partir no dia 12, mas alterou para dia 15.*

alterar-se com *alg.* — irritar-se com, zangar-se com.
Ex.: *A senhora Maria alterou-se com o marido.*

altercar-se com — discutir com.
Ex.: *Marido e mulher altercaram-se um com o outro.*

alternar com — ora um ora outro, revezar.
Ex.: *À volta da mesa alternavam homens com mulheres.*
A Manuela alternou com a Helena na condução do carro até ao Algarve.

aludir a — referir-se a, fazer alusão a.
Ex.: *O professor de História aludiu à coragem dos portugueses no século XV.*

alvejar *alg.* **com** — atingir com.
Ex.: *O polícia alvejou o fugitivo com dois tiros de pistola.*

amar a — ter adoração por um deus.
Ex.: *Os católicos devem amar a Deus sobre todas as coisas.*

amarrar a — prender a.
Ex.: *Amarrei a minha bicicleta ao tronco de uma árvore.*

amarrar com — prender com.
Ex.: *O marinheiro amarrou o barco ao cais, com a corda.*

ambientar-se a — habituar-se a, acomodar-se a.
Ex.: *Aqueles japoneses ambientaram-se facilmente à vida portuguesa.*

ameaçar com — atemorizar, fazer ameaças com.
Ex.: *O patrão ameaçou os grevistas com despedimentos.*

amedrontar-se com — ter medo de, assustar-se com.
Ex.: *O João amedrontou-se com a intensidade do vento e começou a tremer.*

amercear-se de — apiedar-se de, sentir compaixão de.
Ex.: *Meu Senhor, amerceai-vos deste pobre pecador!*

amigar-se com — juntar-se, amancebar-se com (*pop.*).
Ex.: *Diziam que ela se tinha amigado com um padre.*

amimalhar com — tratar com mimo excessivo.
Ex.: *Como era filho único, a mãe amimalhava-o com extravagâncias.*

amimar com — tratar com muito carinho, acarinhar, mimar.
Ex.: A mãe amimava os filhos com tanta ternura!

amistar-se com — tornar-se amigo de, amancebar-se com.
Ex.: Durante as férias, amistou-se com pessoas muito diferentes entre si. Parece que o viúvo se amistou com a empregada.

amoitar-se em — refugiar-se em.
Ex.: Cansado de andar a monte, amoitou-se numa casa abandonada.

amoldar(-se) a — adaptar(-se) a, ajustar(-se) a
Ex.: Era-lhe difícil amoldar o aparelho fonador aos novos sons. Amoldou-se aos hábitos do novo país.

amontoar(-se) em — acumular(-se) em, juntar(-se) em.
Ex.: Amontoámos a lenha no canto da lareira. O lixo amontoava-se em pequenos espaços.

amortalhar em — envolver corpo morto em manto como sinal de penitência.
Ex.: Amortalharam-na num lençol branco.

amotinar-se contra — revoltar-se contra.
Ex.: Os presos amotinaram-se contra o diretor da prisão.

amparar-se a/em — apoiar-se a/em, buscar proteção em.
Ex.: Senti-me tão mal que tive de amparar-me a ele/nele.

amuar com — ofender-se com, suscetibilizar-se com, ficar de mau humor.

Ex.: Ela é muito sensível; amua connosco sempre que lhe dizemos qualquer coisa que não compreende.

ancorar em — o m.q. fundear em.

andar a (+ *infin.*) — realização progressiva de uma ação.
Ex.: Ando a ler Fernando Pessoa.

andar com — ^{1} sentir, ^{2} conviver com, ^{3} trazer consigo.
Ex.: ^{1} Ele anda com dor de dentes. ^{2} Ela agora anda com gente muito esquisita. ^{3} Ela anda sempre com o telemóvel.

andar de — utilizar um meio de transporte.
Ex.: É agradável andar de bicicleta.

andar em — frequentar, realizar.
Ex.: Ela anda na Faculdade de Direito. Ela anda em grandes obras na casa de praia.

andar para (+ *infin.*) — ter intenção de.
Ex.: Ando para ir ao cinema e não tenho tido tempo.

andar por — ^{1} aproximar-se de (fig.), ^{2} frequentar, passear por.
Ex.: ^{1} O preço do carro anda por dez mil euros. ^{2} Antigamente ela andava por locais muito estranhos. Gosto muito de andar pelos parques.

andar sem — indica ausência de alg. c. ou alg.
Ex.: O Pedro anda sem atenção. Gosto de andar sem roupa pela casa. Ando sem saber o que decidir. Agora ela anda sem namorado.

anexar a — juntar a, incorporar a.

Ex.: Anexei ao contrato uma nova cláusula.

angustiar-se com — sentir sofrimento ou angústia com.
Ex.: Angustiava-se com o sofrimento do filho.

anichar-se em — acomodar-se em.
Ex.: Anichou-se num canto do sofá e começou a dormir.

animar a — alegrar.
Ex.: A vitória da equipa a todos animou.

animar-se com — alegrar-se com.
Ex.: A Paula animou-se com o resultado das últimas análises.

aninhar-se em — o m.q. anichar-se em.

ansiar por — desejar muito.
Ex.: Ansiamos pelos bons resultados dos exames do Nuno.

antagonizar-se com alg. — ficar em oposição a, ficar em conflito com alg.
Ex.: Por razões profissionais, antagonizaram-se um com o outro.

anteceder-se a — antecipar-se a, fazer ou acontecer antes de tempo.
Ex.: Antecedeu-se a concluir a prova e a entregá-la.

antecipar-se a — [1] adiantar-se a, [2] agir antes de.
Ex.: [1] O João antecipou-se ao Pedro e contou o que ambos tinham ouvido. [2] Os dirigentes daquele país não tiveram tempo para se anteciparem aos acontecimentos.

antepor(-se) a — colocar(-se) antes de, pôr antes.
Ex.: Em português, alguns pronomes antepõem-se aos verbos, em circunstâncias específicas.
Por favor, antepõe as obrigações aos divertimentos; é melhor para ti!

antipatizar com — não apreciar, não gostar de.
Ex.: As pessoas antipatizam com ele porque tem atitudes muito arrogantes.

anuir a — ceder a, transigir em, condescender em.
Ex.: O reitor anuiu a todas as propostas apresentadas pelos estudantes.

anuir em — concordar em, consentir em.
Ex.: Os pais anuíram em deixá-lo sair porque prometeu regressar cedo.

apaixonar-se por — [1] enamorar-se de, [2] ter paixão por.
Ex.: [1] A Rita apaixonou-se por um colega do seu curso. [2] O Pedro apaixonou-se pela música de Mozart.

apalavrar-se com — fazer acordo com, dar a palavra de honra.
Ex.: O agricultor apalavrou-se com o comprador de vinho.

apanhar com — ser atingido por.
Ex.: Quando passeava pelo jardim, apanhei com a bola dos rapazes que jogavam futebol.

apaparicar com — amimar com, acarinhar com.
Ex.: Apaparicava as netas com presentes caríssimos.

aparar com — aguentar com, suportar, segurar.
Ex.: Aparou com a espada os golpes do adversário. Tentou aparar a bola com as mãos, mas não conseguiu.

aparceirar com — o m.q. emparceirar com.

aparceirar-se em — associar-se, unir-se em.
Ex.: É um Governo que não quis aparceirar-se em coligações.

aparecer a — surgir a, mostrar-se a.
Ex.: O presidente apareceu à janela para saudar o povo.

aparecer de — o m.q. surgir de.

aparecer em — surgir em, tornar-se visível.
*Ex.: A Manuela apareceu muitas vezes em casa da Helena.
Apareceu um clarão no céu.*

aparelhar-se para — aprontar-se para, preparar-se para.
Ex.: Aparelhei-me para o confronto com o meu diretor.

apartar(-se) de *alg.* ou *alg. c.* — separar(-se) de.
*Ex.: Ele amava-a tanto que nunca conseguiu apartar-se dela.
É preciso apartar o trigo do joio (prov.)*

apascentar-se em — alimentar-se em, satisfazer-se com.
Ex.: É uma mulher que só se apascenta na conflitualidade.

apear-se de — descer de.
Ex.: Apeámo-nos do comboio e corremos para a praça de táxis.

apear-se em — descer em.
Ex.: Apeei-me na estação de Coimbra.

apegar-se a — ligar-se afetivamente a, agarrar-se a (fig.).
*Ex.: Ele é muito sentimental, apega-se a boas recordações do passado que o ajudam a vencer a crise. Depois da morte do marido, ela apegou-se intensamente aos filhos.
O Sérgio apegou-se à promessa do tio, de lhe arranjar um emprego, e não fez nada para procurar outra solução.*

apelar a — pedir a, exortar.
Ex.: O sacerdote apelou aos cristãos que rezassem pela paz.

apelar de — recorrer para instância superior.
Ex.: Ela apelou da sentença e vai seguir para o Supremo Tribunal.

apelar para — fazer apelo a, pedir.
*Ex.: A Manuela apelou para o Supremo Tribunal porque não aceitou a sentença proferida.
Apelamos para a necessidade urgente de preservar a natureza.*

apelar por — o m.q. clamar por.

apelidar *alg.* **de** — alcunhar de, chamar de.
Ex.: O povo apelidou-o de "Bondoso" pelos seus atos generosos.

apendoar de — ornar de, enfeitar de.
Ex.: Apendoaram o chão de flores.

apensar *alg. c.* **a** — anexar, juntar a.
Ex.: O advogado apensou o documento ao processo.

aperceber-se de — [1] compreender, [2] verificar.

Ex.: [1] *Na altura, as pessoas não se aperceberam das consequências daquelas reformas.* [2] *Só muito tarde me apercebi de que tinha perdido as chaves.*

aperfeiçoar(-se) em — apurar(-se), melhorar(-se) em.
Ex.: *A mãe aperfeiçoava o filho na caligrafia. Aperfeiçoava-se no conhecimento da Astrologia.*

aperrar a — encostar ou apontar arma de fogo engatilhada.
Ex.: *O assaltante aperrou a pistola ao peito da senhora.*

aperrear-se com — arreliar-se com.
Ex.: *As duas irmãs aperreavam-se constantemente com a vizinha do lado.*

apertar com alg. (cal.) — exigir algo de alg.
Ex.: *Durante o exame oral, o professor apertou muito com o aluno (cal.).*

apetrechar(-se) com/de — equipar(-se) com/de.
Ex.: *Apetrecharam o barco com/de todos os instrumentos necessários. O pedreiro apetrechou-se com/de material de boa qualidade.*

apiedar-se de — compadecer-se de, ter pena de.
Ex.: *Apiedaram-se daqueles pobres refugiados e auxiliaram-nos.*

apimentar com — tornar mordaz com.
Ex.: *Apimentou a história com alguns termos vernáculos.*

apinhar(-se) de — aglomerar(-se) de, encher(-se) de.

Ex.: *Os cais apinham-se de gente quando os navios chegam. Ele apinhou o armazém de trigo.*

aplainar com — alisar com, tornar ou ficar plano.
Ex.: *Aplainou o tampo da mesa com uma boa plaina. O terreno aplainou com a chuva.*

aplanar com — alisar com, tornar ou ficar plano.
Ex.: *Aplanou o terreno com uma máquina própria para esse fim.*

aplicar(-se) a/em — [1] adaptar a, [2] concentrar-se em.
Ex.: [1] *Aplicou o projeto à construção da sua casa.* [2] *No último período escolar, o aluno aplicou-se nos estudos e conseguiu passar.*

apodar de — chamar, qualificar como.
Ex.: *Apodou-o de traidor, sem haver razões para tal.*

apoderar-se de — tomar posse de, assenhorear-se de, usurpar.
Ex.: *Os assaltantes apoderaram-se de documentos importantíssimos.*

apodrecer em — ficar imobilizado por muito tempo num dado local, ficar sem uso ou atividade.
Ex.: *Os navios apodrecem no cais. Os livros apodrecem na estante.*

apoiar(-se) a/em — encostar-(se) a, servir-se do auxílio de.
Ex.: *Apoiei o braço esquerdo no corrimão. Apoiei-me no parapeito da janela para saltar para o chão. Ele é um homem frágil que se apoia muito na mulher (fig.).*

apoiar-se com — tomar como apoio.
Ex.: Ao cair, apoiou-se com as mãos no chão para atenuar a queda.

apontar *alg. c.* **a** — [1] dirigir (uma arma) de forma a que a trajetória passe pelo ponto que se quer atingir, [2] fazer notar alg. c. a alg.
Ex.: [1] O caçador apontou a espingarda ao javali. [2] Ela é ótima, não há nada a apontar-lhe.

apontar com — indicar com.
Ex.: Apontou com o dedo para o céu para mostrar a lua cheia.

apontar para — [1] indicar com o dedo ou ponteiro, [2] tender para.
Ex.: [1] O professor aponta para o quadro com o ponteiro. [2] As sondagens apontam para a vitória do partido democrático.

apoquentar-se com — preocupar-se com.
Ex.: O pai apoquentava-se tanto com o filho quando ele chegava tarde a casa!

apor a — pôr junto a, aplicar a.
Ex.: A preposição estava aposta ao verbo.

apor em — afixar em, aplicar em.
Ex.: Apuseram sinais na curva da estrada. Apus uma etiqueta na mala.

aportar a — acostar a, chegar a um cais.
Ex.: O barco veleiro aportou ao cais de Belém.

aportar em — ancorar, fundear em.
Ex.: Aportámos em Lisboa ao nascer do dia.

aposentar-se de — dispensar ou ser dispensado de.
Ex.: Aposentou-se do cargo de inspetora do ensino.

aposentar-se em — alojar-se em, hospedar-se em.
Ex.: Aposentava-se em pequenos hotéis familiares.

apossar-se de — tomar posse de, apoderar-se de.
Ex.: A Helena apossou-se do livro.

apostar a — fazer aposta por meio de.
Ex.: Quando eu jogo, não gosto de apostar a dinheiro.

apostar em — pôr a confiança em, sustentar.
Ex.: Parece-me que ele apostou no cavalo errado. O ministro apostou nos seus colaboradores e foi bem sucedido (fig.).

apostatar de — fugir de, renunciar à fé.
Ex.: Muitos apostataram da religião católica.

aprazar *alg. c.* **para** — fixar prazo para.
Ex.: Vamos aprazar a escritura da compra da casa para o próximo mês.

aprazer a *alg.* — o m.q. agradar a alg.
*Ex.: Não apraz à ministra a campanha de oposição desencadeada pelos sindicatos.
Apraz-me que tenhas casado; parabéns!*

apreender a — confiscar a.
Ex.: Apreenderam muitas armas a uma quadrilha de assaltantes.

aprender a — adquirir conhecimentos com um fim.
Ex.: A Joana aprendeu a nadar sozinha.

apresentar-se a — comparecer a.
Ex.: Os professores devem apresentar-se ao serviço em setembro.

apresentar-se para — ter determinada aparência.
Ex.: Apresentava-se para jantar com vestidos muito bonitos.

apressar-se a — despachar-se a.
Ex.: Ele apressou-se a concluir o trabalho para regressar a casa mais cedo.

apressurar-se a — o m.q. apressar-se a.

aprestar-se a/para — aprontar-se para, preparar-se para.
Ex.: Aprestei-me a iniciar o trabalho. Os bandidos aprestavam-se para o assalto ao banco.

aprimorar-se com — aperfeiçoar-se com.
Ex.: O seu espírito aprimorou-se com boas leituras.

aprimorar-se em — aperfeiçoar-se, esmerar-se em.
Ex.: Aprimorou-se na arte de bem falar.

aprisionar em — encarcerar, prender em.
Ex.: Aprisionaram-na numa cela sem condições de salubridade.

aproar a — dar entrada (o barco).
Ex.: O barco aproou ao cais de Alcântara.

aprofundar(-se) em — enterrar(-se) em, embrenhar-se em.
Ex.: Aprofundava o prego na parede usando um martelo. As raízes da planta aprofundavam-se na terra. Aprofundou-se no estudo do esoterismo.

aprontar-se para — arranjar-se, preparar-se para.
Ex.: Aprontei-me para ir jantar fora.

apropinquar-se de — o m.q. aproximar-se de.

apropriar-se de — o m.q. apoderar-se de.

aproveitar a — beneficiar, ter interesse para.
Ex.: Essa medida do Governo não aproveita a ninguém. Essa história nem a um jornalista aproveita.

aproveitar para — usar ou tirar partido de uma situação com um fim.
Ex.: Aproveitei para pôr a correspondência em dia. Aproveito para te dar os parabéns.

aproveitar-se de — utilizar-se de, servir-se de, valer-se de.
Ex.: Ela aproveitou-se da generosidade da avó para lhe pedir dinheiro.

aprovisionar(-se) com — fornecer(-se) com.
Ex.: Aprovisionou-se com mantimentos para a viagem. O Governo aprovisionou o exército com material de alta tecnologia.

aproximar(-se) de — acercar(-se) de, chegar perto de.

Ex.: O João aproximou-se da janela para dizer adeus ao amigo. Aproximei o carro da bomba de gasolina para encher o depósito.

apurar-se em — aperfeiçoar-se em, esmerar-se em.
Ex.: A Helena apurou-se na arte dos bons cozinhados.

aquartelar em — alojar-se em, hospedar-se em.
Ex.: A minha sogra aquartelou em minha casa.

aquecer com — fazer subir a temperatura com.
Ex. Aqueci a cama com um cobertor elétrico.

aquiescer a — consentir em.
Ex.: Aquiesci a tudo o que ele me pediu.

aquilatar de — dar valor, merecimento a.
Ex.: Aquilatou do sacrifício dos pais para a ajudarem financeiramente.

aquinhoar de — dotar, favorecer com; partilhar de.
Ex.: A natureza aquinhoou-a de uma inteligência e beleza excecionais. Os dois gémeos aquinhoaram das ideias da irmã mais velha.

arcar com — suportar, enfrentar.
Ex.: Por vezes são os pais que têm de arcar com todas as responsabilidades, quando os filhos não as assumem.

arder de/em — inflamar-se, sentir profundamente.
*Ex.: Ardia de paixão pelo professor de História (fig.).
Ele arde em febre (fig.).*

arder por — ter enorme desejo de.
Ex.: Ardia por saber o que se passara.

arengar a — discursar, falar.
Ex.: Tinha um especial dom para arengar às multidões.

arfar de — respirar com dificuldade e de modo apressado devido a esforço, emoção forte ou doença; ofegar.
Ex.: Arfava de cansaço após a subida da serra.

argamassar com — amassar com.
Ex.: Argamassava o barro com as mãos.

arguir de — acusar de, atribuir a culpa ou responsabilidade de.
Ex.: Arguiram-no de homicídio premeditado.

argumentar com *alg.* — discutir com alg.
*Ex.: Marido e mulher argumentaram um com o outro sem chegarem a uma conclusão.
A aluna argumentou com o professor sobre as notas dadas à turma.*

argumentar contra — usar argumentos contra.
Ex.: O Nuno argumentou contra as ideias antiquadas do pai.

armar-se com/de — o m.q. munir-se com/de.

armar(-se) em — exibir(-se), querer atrair a atenção (cal.).
Ex.: O Ricardo armou(-se) em valente, mas depressa foi vencido.

armazenar em — acumular, juntar em.
Ex.: Armazenou mantimentos, com receio de uma crise económica.

Ao longo dos anos armazenamos conhecimentos e experiências no cérebro.

aromatizar com — perfumar com, espalhar aroma de.
Ex.: Aromatizei a massa do bolo com licor de amêndoa.

arrancar de — fazer sair à força de.
Ex.: Arranquei a planta do vaso. Ela quase tem de arrancar o filho da cama todas as manhãs (fig.).

arrancar-se de — abalar de.
Ex.: Arrancou-se finalmente de nossa casa, já muito tarde.

arranchar-se em — agrupar-se em.
Ex.: Arranchavam-se no largo da igreja para conversarem.

arranjar-se com — orientar-se com, gerir uma situação.
Ex.: Não sei como vou conseguir arranjar-me com tanto trabalho.

arranjar-se para — o m.q. preparar-se para.

arrastar-se por — [1] andar com dificuldade; [2] demorar (tempo).
Ex.: [1] O mendigo, esfomeado, arrastava-se pelas ruas. [2] O processo arrastou-se por muitos tribunais, até vir a sentença.

arrebatar a — tirar com violência, arrancar a.
Ex.: A mãe, zangada, arrebatou o filho ao pai.

arrebatar-se de — encantar-se, extasiar-se.
Ex.: O meu coração arrebata-se de emoção com as palavras ternas das minhas netas.

arredar(-se) de — afastar(-se) de.
Ex.: Arredei as pedras do caminho. Arredámo-nos da multidão e ficámos a observar de longe.

arreigar-se a — ficar ligado ou preso a.
Ex.: Arreigou-se ao tabaco e não consegue deixar de fumar. Arreigou-se à esperança de voltar a poder andar.

arreliar-se com — o m.q. aborrecer-se com.

arremeter contra — investir com ímpeto.
Ex.: Os manifestantes arremeteram contra a polícia, sem medo. O touro arremeteu contra o cavalo.

arrenegar de — maldizer.
Ex.: Os pais dela chegaram a arrenegar do casamento, mas ela é feliz com o marido que escolheu.

arrepender-se de/por — ter arrependimento de, lamentar uma ação já praticada.
Ex.: A Joana arrependeu-se de/por ter feito aquela viagem tão cara.

arrepiar-se com/de — sentir arrepios com/de.
Ex.: Ela viu uma cobra e arrepiou-se com/de medo.

arriscar-se a — expor-se ao risco, ao perigo.
Ex.: Ele arrisca-se a perder todo o dinheiro no jogo.

arrojar-se a — arriscar-se, atrever-se a.
Ex.: Arrojou-se a escrever um livro sobre a sua vida privada.

arrojar-se de — atirar-se, lançar-se de.

Ex.: Arrojei-me do cimo do muro, dando um enorme salto.

arrostar com — suportar, fazer face a.
Ex.: Ela teve de arrostar com as dificuldades surgidas depois do divórcio.

arrotar a — libertar gás ruidosamente pela boca.
Ex.: Ele bebeu tanto que passou a noite a arrotar a vinho.

articular-se com —estar em concordância com.
Ex.: Numa frase, todos os elementos devem articular-se uns com os outros.

arvorar-se em — o m.q. armar-se em.

ascender a — [1] alcançar, [2] atingir a quantia de.
Ex.: [1] Ela ascendeu ao cargo de diretora porque se esforçou muito. [2] As despesas ascenderam a mais de mil euros.

asilar-se em — refugiar-se.
Ex.: O dissidente asilou-se na Embaixada de Portugal.

aspirar a — desejar muito.
Ex.: Ela aspira a uma vida mais calma.

assegurar-se de — o m.q. certificar-se de.

assemelhar-se a/com — parecer-se a/com.
Ex.: Ela assemelha-se muito ao/com o pai.

assenhorear-se de — apoderar-se de.
Ex.: Assenhorearam-se das terras, sem respeito pela lei.

assentar em/sobre — basear-se em, apoiar-se em.
*Ex.: As tuas teorias assentam em bases pouco sólidas (fig.).
A casa assentava na/sobre a rocha.*

assentir em — concordar em, consentir em.
Ex.: Os pais assentiram em deixá-la ir passar as férias no estrangeiro.

assistir a — estar presente em, presenciar, cuidar de.
*Ex.: Assistimos à inauguração da galeria de arte e, mais tarde, assistimos a um belo concerto.
A enfermeira estagiária assistia aos doentes com muita dedicação.*

associar *alg. ou alg. c.* **a** — ligar a.
*Ex.: Quando penso no Pedro associo-o sempre ao irmão gémeo.
Associo sempre preto à ideia de tristeza ou luto.*

associar-se a/com — juntar-se a/com, reunir-se a/com, tomar parte em.
Ex.: Associei-me ao grupo dos ecologistas.

assomar a — surgir a, aparecer a.
*Ex.: Assomou-me ao pensamento a ideia de ir viver para o estrangeiro.
Assomaram à janela para ver o que se passava.*

assuntar em/sobre — cismar, pensar muito em.
Ex.: Perco muito tempo a assuntar no/sobre o significado da existência.

assustar-se com — ficar amedrontado com.
Ex.: A Ana assustou-se com o barulho dos trovões.

atafulhar com/de — encher demasiado com/de.
Ex.: Ele tem as estantes atafulhadas com/de livros.

atalhar a — impedir a continuação de.
Ex.: Atalhei ao mal com os medicamentos apropriados.

atapetar com/de — cobrir com/de.
Ex.: Atapetou o chão com/de tapetes de Arraiolos.

atar a — unir a, ligar a.
Ex.: Atei a corda ao tronco da árvore.

atarantar-se com — atrapalhar-se, perder a presença de espírito com.
Ex.: Atarantou-se com as perguntas difíceis que o professor lhe fez.

atascar(-se) em — enterrar(-se) em.
Ex.: O João atascou o carro na lama.

ataviar-se com/de — enfeitar-se com/de.
Ex.: A moça ataviava-se com/de fitas encarnadas, presas no cabelo.

atemorizar-se com — sentir medo de.
Ex.: Eles atemorizaram-se com as ameaças da polícia.

atender a — prestar atenção a, examinar com cuidado, ter em consideração.
Ex.: O presidente atendeu a todos os pedidos dos emigrantes.

atentar contra — cometer ato criminoso contra.
Ex.: Os terroristas atentaram contra a vida do presidente.
Atentaram contra a Soberania do Estado.

atentar em — refletir sobre, ter em atenção, ponderar.
Ex.: Sugiro-lhe que atente em todos os pormenores.
Atenta bem no que te dizem, antes de tomares decisões importantes.

ater-se a — fazer-se depender, encostar-se (fig.).
Ex.: Durante anos, ele ateve-se aos pais, sem tentar lutar por independência económica.

aterrar em — tocar o solo em.
Ex.: O avião aterrou em Lisboa às 4 horas.

aterrorizar-se com — sentir terror, amedrontar-se com.
Ex.: Aterrorizou-se com as últimas cenas do filme.

atestar com/de — o m.q. encher com/de.

atinar com — acertar com, encontrar, descobrir.
Ex.: Àquela hora não conseguimos atinar com o caminho para o hotel.

atingir *alg.* **ou** *alg. c.* **com** — acertar em alg. ou em alg. c.
Ex.: O polícia atingiu-o com um tiro de pistola. As casas foram atingidas pelos aviões de combate com mísseis de grande potência.

atirar(-se) a — [1] parecer-se com, [2] arremessar alg. c. a alg., [3] disparar contra, [4] lançar-se a, [5] atacar, [6] fazer namoro a, seduzir.
Ex.: [1] A Joana atira ao pai (pop.). [2] Ele atirou uma pedra à cabeça do Quim. [3] O Manuel gosta de atirar aos pombos. [4] O cão atirou-se ao pescoço do ladrão. [5] No debate da televisão, o representante dos "verdes" atirou-se violentamente ao governo

(fig.). ⁶ *Mal viu o rapaz, atirou-se a ele descaradamente (cal.).*

atirar para — lançar para.
Ex.: Atiraste os papéis para o caixote do lixo?

atirar(-se) sobre — o m.q. lançar(-se) sobre.

atolar(-se) em — enterrar ou ficar enterrado em.
Ex.: O carro ficou atolado na lama. O rapaz atolou-se no vício do álcool (fig.).

atordoar-se com — o m.q. aturdir-se com.

atormentar-se com — afligir-se com, preocupar-se com.
Ex.: A mãe atormentou-se com o atraso dos filhos.

atracar a — aproximar-se de.
Ex.: O navio atracou ao cais de Alcântara.

atracar-se a *(cal.)* — juntar-se a.
Ex.: Atracou-se a mim porque não tem carro e queria a minha boleia.

atrair *alg.* **a** — fazer aproximar, seduzir.
*Ex.: Atraíram os soldados a uma emboscada.
Ele atraiu-a aos seus encantos.*

atrair *alg.* **para** — fazer aproximar.
Ex.: Os polícias, disfarçados, atraíram os suspeitos para um local ermo.

atrapalhar-se com — confundir-se com, descontrolar-se com, desorientar-se com.
Ex.: O Pedro atrapalhou-se com tantas perguntas e não conseguiu responder.

atrasar-se com/em — demorar-se com/em.
Ex.: Atrasaram-se com o/no pagamento dos ordenados.

atrever-se a — ousar, ter coragem de/para.
Ex.: Atreveram-se a subir até ao ponto mais alto da torre.

atribuir a — considerar como autor de ou responsável por.
Ex.: Atribui-se a Gil Vicente o "Auto da Índia". Atribuo-te as culpas no meu processo de divórcio.

atuar contra — exercer ação contra.
Ex.: O polícia atuou contra os ladrões.

atuar em — exercer ação em.
Ex.: O Governador Civil de Évora atua na área do Alto Alentejo.

atuar sobre — exercer ação sobre.
Ex.: O medicamento atuou positivamente sobre o coração.

atulhar com/de — o m.q. atafulhar, encher com/de.

aturdir-se com — atordoar-se com, alienar-se com.
Ex.: Ele aturdiu-se com o barulho da música na discoteca.

auferir de — possuir, ter o privilégio de.
Ex.: Os deputados auferem de imunidade parlamentar.

ausentar-se de — afastar-se de, ir embora de.
Ex.: O médico ausentou-se do hospital, mas voltou passado pouco tempo.

ausentar-se para — partir para.
Ex.: Ausentei-me para o estrangeiro.

autorizar *alg.* **a** — dar autorização para, permitir.
Ex.: O pai autorizou-o a conduzir o carro.

autuar *alg.* **em** — multar em.
Ex.: O polícia autuou-a em trinta euros.

autuar *alg.* **por** — multar por.
Ex.: Autuou-a por estacionamento proibido.

avaliar *alg. c.* **em/por** — determinar o valor de.
Ex.: Avaliaram o carro em/por três mil euros.

avançar de — aproximar-se a partir de um lugar.
Ex.: O professor, furioso, avançou de um canto da sala em direção ao aluno.

avançar em — progredir em.
Ex.: Os estudantes estrangeiros avançam rapidamente na aprendizagem do português.

avançar para — aproximar-se, caminhar na direção de.
Ex.: Os atletas vencedores avançaram para o pódio para receberem os prémios.

avançar por — continuar a andar.
Ex.: Ele avançou por entre a multidão que o aclamava.

avançar sobre — atacar.
Ex.: Os cães-polícias avançaram sobre os manifestantes.

avantajar-se a — adiantar-se a, distinguir-se de.
Ex.: Um dos irmãos avantajava-se ao outro em estatura.

aventurar-se a — arriscar-se a, ousar.
Ex.: Eles aventuraram-se a passar a fronteira sem documentos.

avir-se com — ajustar-se com, entender-se com, harmonizar-se com.
Ex.: Ela lá se aveio com a empregada como pôde. Não sei como vou avir-me com tanto trabalho.

avisar *alg.* **de** — advertir de, chamar a atenção para.
Ex.: Avisámo-lo do perigo que correria se viajasse com chuva.

avisar *alg.* **para** — o m.q. alertar alg. para.

avistar-se com — encontrar-se com, conversar com.
Ex.: Amanhã ela vai avistar-se com o seu advogado para trocarem impressões sobre o processo.

avivar de — guarnecer de.
Ex.: Usava um casaco com a gola avivada de cetim.

avizinhar-se de — aproximar-se de.
*Ex.: Avizinhou-se de mim para me cumprimentar.
Avizinhei-me da casa para ver se lá estava alguém.*

avolumar-se em — concentrar-se em grande quantidade.
Ex.: Os livros avolumavam-se na biblioteca.

avultar sobre — evidenciar-se sobre, realçar sobre.
Ex.: Os longos cabelos brancos avultavam sobre o seu vestido preto.

B

babar-se por (fig.) — desejar muito, estar apaixonado por.
Ex.: *De facto, tu babas-te pelo teu namorado.*

baixar a/até — ¹ descer a/até, ² perder o prestígio (fig.).
Ex.: *¹ A temperatura baixou a/até dez graus negativos. ² A conversa baixou a um nível insuportável.*

baixar de-para — perder o valor, descer de-para.
Ex.: *O valor do dólar baixou de um euro para 90 cêntimos.*
A temperatura baixou de vinte para dez graus centígrados.

baixar-se a — humilhar-se a, submeter-se a.
Ex.: *A Anabela não devia baixar-se tanto ao marido.*

balançar entre — oscilar entre.
Ex.: *O seu coração balançava entre dois amores.*

balancear entre — o m.q. balançar entre.

baldar-se a (cal.) — não comparecer.
Ex.: *Os alunos baldaram-se à aula de Matemática.*

baldear para — atirar, arremessar para.
Ex.: *Baldeou o cão morto para uma cova.*

baldear por — cair por.
Ex.: *A velhota baldeou pelas escadas abaixo.*

banhar-se em — refrescar-se, tomar banho em.
Ex.: *As crianças banhavam-se no rio, cheias de calor.*

banir alg. ou alg. c. **de** — afastar de, suprimir de.
Ex.: *Vou bani-lo do meu pensamento para sempre.*
Baniram do local todos os documentos que os pudessem comprometer.

barafustar com alg. **por** alg. c. — protestar com alg. por alg. c.
Ex.: *Barafustei com o empregado do restaurante por ele não me servir bem.*

barafustar contra — protestar contra.
Ex.: *Barafustámos contra tudo porque estávamos muito nervosos.*

barbear(-se) a/com — cortar a barba com.
Ex.: *O Fernando ainda se barbeia à/com a navalha; não gosta de usar gilete.*

basear(-se) em — fundamentar(-se) em.
Ex.: *Quando ele faz afirmações, baseia-se sempre naquilo que leu.*
O advogado baseou a sua argumentação em casos de violação de direitos humanos.

bastar a — ser suficiente.
Ex.: *Não basta à mulher de César ser séria, é preciso parecê-lo (prov.)*

bater a — dar pancadas em.
Ex.: *Bati à porta mas ninguém abriu.*

bater em — dar pancadas em, atingir.
Ex.: *É desagradável ver bater nos animais.*

bater-se por — defender, lutar por.
Ex.: Ele bateu-se pelas suas ideias religiosas.

beber *alg.* **c. por** — indica o meio através do qual.
Ex.: Ela bebeu o licor por um cálice de cristal.

bendizer a — louvar a.
Ex.: Quero bendizer a Deus pelas graças que me concedeu.

beneficiar com/de — tirar proveito ou benefício com/de, usufruir de.
Ex.: O meu marido beneficiou dos meus conhecimentos. Beneficiei com o estágio que fiz no estrangeiro.

berrar com — destoar de.
Ex.: A blusa vermelha berrava com a saia azul-forte.

berrar com *alg.* — gritar com alg.
Ex.: Ela berra tanto com o marido!

berrar por *alg.* — chamar alg. com gritos.
Ex.: A Teresa berrou pelo filho para ele atender o telefone.

besuntar(-se) com/de — untar(-se) com, cobrir a pele com substância gordurosa.
Ex.: A Julieta besuntou a cara com/de creme. Besuntei-me com/de óleo solar quando fui para a praia.

blasfemar contra/de — proferir blasfémias contra.
Ex.: Eles blasfemam contra/de Deus.

bradar a — clamar a, gritar a.
Ex.: Os insultos que ouvi são de bradar aos céus.

bradar por — gritar por.
Ex.: A mãe bradou pelo filho que brincava no jardim.

bramar contra — gritar, manifestar-se contra.
Ex.: O povo, revoltado, bramava contra o aumento do custo de vida.

bramar por — bradar, gritar por.
Ex.: Os imigrantes, desesperados, bramavam por proteção das autoridades.

brigar com — [1] discutir com, [2] confrontar-se fisicamente com.
Ex.: [1] Estás sempre a brigar com os teus filhos. [2] Os dois rapazes brigaram violentamente um com o outro.

brigar por — confrontar-se por, discutir por.
Ex.: Brigaram por um motivo insignificante.

brincar a — imitar, fazer de conta que.
Ex.: Naquela tarde, as meninas brincaram às mães e às filhas.

brincar com — divertir-se com, fazer brincadeira com.
Ex.: Brincamos com as coisas ou com as pessoas conforme o nosso humor e a nossa imaginação.

brindar a — beber à saúde ou sucesso de.
Ex.: Vamos brindar à continuação da nossa amizade.

brindar com — premiar com.
Ex.: A diretora da escola brindou os professores com uma festa no fim do ano.

brotar de — sair de, nascer de.
Ex.: Que belas plantas brotam da terra!

bufar a/em — soprar em.
Ex.: Bufa ao/no lume antes que se apague.

bulhar com — o m.q. brigar com.

bulir com — incomodar, perturbar.
Ex.: A atitude do meu chefe buliu comigo.

bulir em *alg. c.* — mexer em alg. c., tocar em alg. c.
Ex.: Não bulas nessas flores!

C

caber a — calhar a, competir a.
Ex.: Cabe-te a ti fazer os telefonemas para a reunião.

caber em — ter espaço em.
Ex.: Aquela cama é tão larga que quase não cabe no quarto.

caçoar de — troçar de.
Ex.: Caçoavam do amigo porque era muito tímido.

cair de — dar queda de.
Ex.: O bebé caiu da cama e chorou.

cair em — [1] dar queda em, tombar em, [2] atirar-se para, [3] incorrer em, cometer.
Ex.: [1] O Manuel caiu num monte de pedras. [2] A Ana, cansada, caiu na cama e adormeceu imediatamente. [3] O Pedro caiu nos mesmos maus hábitos de antigamente. Não posso cair no erro de lhe pagar todas as dívidas.

cair para — ir ao chão.
Ex.: A jarra caiu para o chão e partiu-se.

cair por — dar queda por, através.
Ex.: O Nuno caiu pelas escadas e partiu uma perna.

cair sobre — precipitar-se sobre.
Ex.: Os polícias cairam sobre os assaltantes.

calar *alg.* **com** — remeter ao silêncio.
Ex.: Calei-o com os argumentos finais que eram muito fortes.

calcular em — avaliar em.
Ex.: Calcularam o preço do meu apartamento em cem mil euros.

calhar a *alg.* — caber em sorte a alg.
Ex.: Na festa de Natal, quando foram distribuídos os presentes, calhou-me um livro da escritora Olga Gonçalves.

calhar com — coincidir, harmonizar-se com.
Ex.: Isso calha com o que ouvi esta manhã. Eles calham bem um com o outro.

cambalear com/de — caminhar sem firmeza nas pernas.
Ex.: Ao entrar em casa cambaleava com/de cansaço.

cambiar em — trocar moeda.
Ex.: Vou cambiar euros em dólares.

caminhar de-para — andar a pé de-para.

Ex.: A Manuela caminhou da faculdade para casa.

caminhar em — percorrer caminho em.
Ex.: É saudável caminhar na areia.

caminhar entre — andar de um ponto a outro.
Ex.: Caminho todos os dias entre a minha casa e a universidade.

caminhar por — andar por.
Ex.: Os soldados caminharam pelo deserto.

canalizar para — encaminhar para, dirigir para.
Ex.: Os agentes da PJ canalizaram as investigações para a costa algarvia.
O ministro devia canalizar mais verbas para o teatro português.

candidatar-se a — propor-se como candidato a.
Ex.: A Mariana candidatou-se a um novo emprego.

cansar-se com — fatigar-se com.
Ex.: O professor cansa-se com a preparação de tantas aulas.

cansar-se de — fatigar-se de, saturar-se de.
Ex.: Cansei-me de te dizer sempre as mesmas coisas.
Ela cansou-se da rotina a que o emprego a forçava.

capacitar-se de — convencer-se da capacidade ou aptidão de.
Ex.: Ela capacitou-se de que podia escrever poesia.

caprichar em — aperfeiçoar-se em, apurar-se em, esmerar-se em.
Ex.: Ela caprichou na preparação da sua festa de aniversário.

caracterizar-se por — apresentar características.
Ex.: Em português, os adjetivos terminados em "e" caracterizam-se por serem sempre uniformes.

carecer de — necessitar de, ter falta de.
Ex.: A autoria do acidente carece de provas. Muitas pessoas carecem de bens essenciais.

carpir-se de — lamentar-se de.
Ex.: Ela carpia-se da falta de saúde.

carregar com — transportar, suportar.
Ex.: Ele carregou com todas as compras do supermercado.
Achas que podes carregar com todos os problemas? (fig.)

carregar em — premir.
Ex.: Carreguei no botão para chamar o elevador.

carregar sobre — atacar.
Ex.: Os polícias carregaram sobre os manifestantes.

casar(-se) com — ligar-se pelo casamento.
Ex.: O meu pai casou(-se) com a minha mãe em 1946.

cascar em *(cal.)* — censurar, criticar, bater em.
Ex.: A Conceição está sempre a cascar nos filhos.

castigar *alg.* **com** — aplicar castigo ou pena a alg.
Ex.: Castigaram o jogador com dois dias de suspensão dos treinos.

castigar alg. **por** — aplicar castigo por.
Ex.: *Castiguei-o por faltar à aula de Português.*

cavar de *(cal.)* — fugir, ir-se embora de.
Ex.: *Cavou de casa sem dizer nada a ninguém.*

ceder a — transigir em, consentir em.
Ex.: *Vais ceder aos meus pedidos? Não devias ter cedido às exigências do teu filho.*

ceder alg. **c a** alg. — dar ou emprestar alg. c. a alg.
Ex.: *Vou ceder a casa de praia à minha amiga, por uns dias.*

ceder em — fazer cedências em, transigir em.
Ex.: *Ele não cedeu em nada do que lhe pedi.*

celebrizar-se por — notabilizar-se por.
Ex.: *Aquele jornalista celebrizou-se pelas suas brilhantes entrevistas.*

censurar alg. **de/por** — criticar alg. de/por.
Ex.: *Censurei-o de/por ele fumar tanto.*

centralizar-se em — centrar-se em, incidir em.
Ex.: *As atitudes do presidente centralizam-se na defesa da democracia.*
O tema da lição centraliza-se nos hábitos alimentares dos portugueses.

centrar-se em — convergir para, centralizar-se em.
Ex.: *A atenção dos jornalistas centrou-se nos últimos acontecimentos em Timor-Leste.*

cercar com/de — [1] rodear com/de. [2] encher de (fig.)
Ex.: [1] *Cercaram a cidade com/de tropas.* [2] *Os meus avós cercaram-me com/de mimos e gentilezas (fig.).*

certificar-se de — adquirir a certeza de, verificar.
Ex.: *Deves certificar-te do que dizes antes de criticares a tua irmã.*

cessar com — parar com, não continuar.
Ex.: *Cessei com os calmantes que o médico me receitou.*

cessar de — parar de.
Ex.: *A chuva cessou de cair.*

chamar alg. **de** — caluniar de.
Ex.: *Chamaram-na de traidora, mas ela estava inocente.*

chamar por — solicitar com palavras a aproximação ou a atenção de alguém.
Ex.: *Eu chamei pelo meu irmão, mas ele não ouviu.*

chatear-se com *(cal.)* — maçar-se, importunar-se, aborrecer-se com.
Ex.: *Chateio-me sempre com as coisas que ele diz.*

chegar a — [1] atingir, alcançar; [2] ir ao ponto de (+ *infin.*)
Ex.: [1] *A situação chegou a um ponto crítico. O Bruno chegou a Lisboa às oito horas.* [2] *Cheguei a telefonar-te à meia-noite mas não te encontrei. Como não me falavas, cheguei a pensar que não eras meu amigo.*

chegar de — [1] regressar de, voltar de, [2] bastar de.

Ex.: ¹ *O Bruno chegou de Itália.* ² *Chega de insultos! Deixa-me em paz!*

chegar para — ¹ ser suficiente para; ² não se vergar a, dominar.
Ex.: ¹ *O dinheiro não chegava para ela viver dignamente.* ² *Os membros do sindicato chegaram para ele: não se calaram.*

chegar-se a — aproximar-se de.
Ex.: *Ele chegou-se à janela para fumar um cigarro.*

chegar-se para — aproximar-se de.
Ex.: *Chega-te para mim!*

cheirar a — ter o cheiro de.
Ex.: *Este perfume cheira a jasmim.*

chocar com/contra — embater em/contra.
Ex.: *O carro chocou com/contra uma árvore.*

chocar(-se) com — ¹ embater em; ² sentir-se melindrado com.
Ex.: ¹ *O carro chocou com uma árvore.* ² *O meu amigo chocou-se muito com o que eu lhe disse.*

chorar por — derramar lágrimas por alg. ou alg. c.
Ex.: *Chorava pelos pais e pelos tempos passados na quinta.*

chuchar com alg. (pop.) — gozar com, troçar de.
Ex.: *Estás a chuchar comigo?*

chuchar em — chupar em, mamar em, sugar em.
Ex.: *O bebé chucha no dedo.*

chupar em — o m.q. chuchar em.

cifrar-se em/por — calcular-se em.
Ex.: *Cifra-se em/por cem o número de desaparecidos.*

circular em/por — andar em/por, percorrer distância.
Ex.: *Os autocarros circulavam nas/pelas ruas da cidade.*

circunscrever-se a — limitar-se a, abranger.
Ex.: *A lei circunscreve-se a todo o território.*

cismar em — pensar em, meditar em.
Ex.: *Não cismes tanto nesse problema!*

clamar por — implorar, apelar a/por.
Ex.: *Depois de tanto sofrimento, ele clamou por justiça.*

classificar de — qualificar de.
Ex.: *Ele classificou-a de incompetente.*

classificar em — qualificar em, distribuir em classes.
Ex.: *Ela tem o hábito de classificar as pessoas em inteligentes ou estúpidas.*

classificar por — caracterizar segundo ou conforme.
Ex.: *Classificaram as rochas pela dureza e pela cor.*

coabitar com — morar juntamente com.
Ex.: *Há pessoas que não conseguem coabitar com animais.*

coadunar-se com — harmonizar-se com.
Ex.: *Essa agressividade não se coaduna com a minha filosofia de vida.*

coagir *alg.* **a** — obrigar por coação a, forçar a.
Ex.: Ele coagiu a tia a assinar o cheque.

cobrir com — ¹ colocar sobre, ² tapar com.
Ex.: ¹ Cobri a parede com papel. ² Cobri o meu cão com um agasalho.

cobrir(-se) de — ¹ encher(-se) de, ² dar em excesso (fig.).
Ex.: ¹ As ruas cobriam-se de neve no inverno. ² Cobriu-o de beijos, depois de tantos anos sem se verem (fig.).

coexistir com — existir ao mesmo tempo com.
Ex.: Muitas vezes o bem-estar não coexiste com o dinheiro (fig.).

cognominar *alg.* **de** — dar nome simbólico.
Ex.: Cognominaram o Rei D. Afonso Henriques de "O Conquistador".

coibir-se de — ¹ abster-se de, ² privar-se de.
Ex.: ¹ Há muitas pessoas que se coíbem de falar em público. ² Ele não se coíbe de gastar dinheiro.

coincidir com — ajustar-se exatamente a.
Ex.: A tua opinião coincide com a minha.

colaborar com *alg.* — trabalhar em comum com alg.
Ex.: O Hélder colaborou comigo no trabalho sobre Literatura Portuguesa.

colaborar em — tomar parte em, participar em.

Ex.: Não desejo colaborar em ações de contestação. Colaborei na elaboração do dicionário porque o acho importante.

colar *alg.* **c. a/em** — fazer aderir alg. c. com cola a/em.
Ex.: Colei o selo à/na carta.

colar-se a *alg.* (fig.) — não se separar de alg., ficar na dependência de alg.
Ex.: Ela cola-se a mim nos fins de semana, porque não suporta estar sozinha.

colidir com — entrar em choque com, chocar com.
Ex.: A tua teimosia colide com a minha sensibilidade (fig.). O carro colidiu com um autocarro.

coligar-se com — aliar-se para determinado fim a/com.
Ex.: O partido CDS coligou-se com o PSD e formaram a Aliança Democrática.

colocar *alg.* **c. em** — o m.q. depositar alg. c. em; o m.q. pôr alg. c. em.

colorir *alg.* **c. a/com/de** — dar cor a alg. c.
Ex.: Coloriram o desenho a/com/de amarelo e verde.

combater com — o m.q. lutar com.

combater contra — lutar contra.
Ex.: O exército português combateu contra o exército de Napoleão Bonaparte.

combater por — lutar com um objetivo por.
Ex.: Os soldados combatem pela defesa da sua Pátria.

combinar com — condizer com.
Ex.: O branco combina com todas as cores.

combinar *alg. c.* **com** *alg.* — fazer planos com alg.
Ex.: O Vasco combinou comigo encontrarmo-nos às 8 horas.

começar a — principiar a.
Ex.: O dia começou a ficar quente.

começar com — iniciar.
Ex.: Logo que chegou, começou com a mesma conversa do dia anterior.

começar por — dar início a uma ação.
Ex.: Eles começaram por dizer que eram muito religiosos. O professor começou pelos exercícios mais fáceis.

comedir-se em — conter-se, controlar-se.
Ex.: Estava exaltada, mas conseguiu comedir-se nas palavras.

comerciar com — o m.q. negociar com.

comiserar-se de — sentir pena de.
Ex.: Comiserei-me do pobre velho doente.

comover-se com — o m.q. emocionar-se com.

compadecer-se com — ser compatível com.
Ex.: O segredo de justiça não se compadece com fugas de informação.

compadecer-se com/de — ter pena de, condoer-se de.
Ex.: Não gosto que se compadeçam comigo/de mim.

comparar com — colocar em igualdade com.
*Ex.: Quando comparamos uns com os outros, vemos que todos são diferentes.
A vida atual, comparada com a vida de há 50 anos, faz uma grande diferença.*

comparar(-se) a/com — o m.q. igualar(-se) a, assemelhar(-se) a.

comparecer a/em — estar presente em.
Ex.: O diretor não compareceu à/na reunião dos empregados.

comparecer perante — apresentar-se a.
Ex.: A testemunha compareceu perante o juiz para contar o que viu.

comparticipar com — contribuir com.
Ex.: Ele comparticipou com cem euros para a organização da festa.

comparticipar de/em — tomar parte em.
Ex.: O marido e a mulher comparticipam das/nas despesas da casa.

compartilhar *alg. c.* **com** — partilhar alg. c. com alg., dividir alg. c. com alg.
Ex.: A Patrícia compartilha os chocolates com os irmãos.

compartilhar de — estar solidário.
Ex.: Compartilho do teu desgosto; podes contar comigo.

compelir a — forçar a, obrigar a.
Ex.: Ele compeliu o irmão a vender a casa.

compenetrar-se de — convencer-se de, compreender exatamente.
Ex.: *Ele só se compenetrou da falta de dinheiro quando viu a sua conta bancária.*

compensar alg. **de/por** — indemnizar alg. por.
Ex.: *Vou dar-lhe algum dinheiro para compensá-lo do/pelo prejuízo que teve.*

competir a alg. — caber a, ser sua atribuição.
Ex.: *Compete aos professores preparar os jovens para uma vida saudável.*

competir com alg. — concorrer com alg.
Ex.: *Ele não queria competir com ninguém, porque receava perder.*

competir em — entrar em concurso ou competição.
Ex.: *Os portugueses competiram em várias modalidades desportivas.*

completar com — tornar completo.
Ex.: *Completaram as frases com mais adjetivos.*

compor-se de — ser constituído por.
Ex.: *O trabalho de investigação compõe-se de quatro partes.*

comprar alg. c. **a** alg. — [1] adquirir de alg, [2] adquirir para alg.
Ex.: [1] *Comprei uma escultura ao João Cutileiro.* [2] *Comprei um computador ao (para o) Pedro.*

comprar alg. c. **por** — adquirir alg. c. por uma certa quantia.
Ex.: *A Rita comprou aqueles sapatos por 50 euros.*

comprometer-se a — assumir compromisso de.
Ex.: *Ele comprometeu-se a acabar o trabalho em três dias.*

comprometer-se com — assumir compromisso com.
Ex.: *Não posso comprometer-me com a data que ele quer marcar.*

comungar de — partilhar, ter em comum.
Ex.: *Comungamos das mesmas ideias políticas.*

comunicar alg. c. **a** alg. — o m.q. participar alg. c. a alg.

comunicar com - (por) — contactar com - (via, meio).
Ex.: *Se queres comunicar com a Luísa, podes fazê-lo à noite, pelo telefone.*

conceder alg. c. **a** alg. — dar alg. c. a alg., ceder alg. c. a alg.
Ex.: *Finalmente, o escritor José Cardoso Pires concedeu uma entrevista à Manuela.*

concentrar-se em — atender a, prestar atenção a.
Ex.: *Ultimamente, não me tenho concentrado muito no meu trabalho.*

concernir a — dizer respeito a, referir-se a.
Ex.: *Desejo ajudar-te em tudo o que possa concernir à tua vida particular.*

conciliar alg. c. **com** — harmonizar com.
Ex.: *É difícil conciliar o trabalho com a vida familiar.*

concluir com — o m.q. rematar com, terminar com.

concluir por — o m.q. terminar por.

concordar com — estar de acordo com.
Ex.: Não concordo com essas ideias filosóficas.

concordar em — aceder a, estar de acordo em.
Ex.: Ele concordou em vir jantar connosco.

concorrer a — entrar em competição para.
Ex.: A Vanda quer concorrer ao lugar de professora na faculdade.

concorrer com — o m.q. competir com.

concorrer para — contribuir para, ir a concurso.
Ex.: Aqueles gastos em excesso concorreram para a desgraça da família.
A Inês concorreu para uma escola no Algarve, mas não conseguiu colocação.

condecorar *alg.* **com** — conceder condecoração a alg.
Ex.: O presidente condecorou-o com a medalha de mérito militar.

condecorar *alg.* **por** — distinguir por.
Ex.: O Presidente da República condecorou David Mourão-Ferreira pelo seu contributo para a valorização da cultura portuguesa.

condenar *alg.* **a** — aplicar pena ou castigo a alg.
Ex.: O réu foi condenado a três anos de prisão.

condenar *alg.* **por** — impor sentença por.
Ex.: O juiz condenou-o por crime de fraude.

condescender com — transigir com.
Ex.: Condescendi com o meu irmão na divisão dos bens deixados pelos nossos pais.

condescender em — ceder em, anuir em, transigir em.
Ex.: Eles insistiram tanto que ela condescendeu em desistir da queixa.

condicionar *alg.* **a** — restringir alg. a, limitar alg. a.
Ex.: O meu marido condiciona-me a todas as suas preferências.

condizer com — estar em harmonia com.
Ex.: A cor da blusa não condizia com a da saia.

condoer-se de — ter pena de.
Ex.: Condoía-se do sofrimento daquela pobre gente.

conduzir a — [1] levar a, [2] dar origem a.
Ex.: [1] Esta estrada conduz-nos a Sintra. [2] Tanto desemprego conduz à marginalidade.

confederar-se em — coligar-se (geralmente para fim político).
Ex.: Os vários grupos confederaram-se num só partido para terem mais força.

conferenciar com — conversar com, trocar impressões com.
Ex.: O Presidente de Portugal conferenciou com o Rei de Espanha.

confiar em — ter confiança em, acreditar em.

Ex.: Devemos confiar, pelo menos, nos nossos amigos.

confinar com — ter fronteiras ou limites comuns com.
Ex.: Portugal confina com a Espanha.

confinar-se a — limitar-se a.
Ex.: Eu confinei-me a dizer-lhe a verdade.

conformar-se com — resignar-se a, aceitar.
Ex.: O João não se conforma com a doença do filho.

confortar-se com — animar-se com.
Ex.: Confortei-me com as boas notícias que recebi.

confraternizar com — conviver fraternalmente com.
Ex.: Ontem confraternizámos com os nossos amigos do Porto.

confrontar-se com — [1] ficar frente a frente, [2] encarar.
Ex.: [1] Na batalha de Aljubarrota, as tropas portuguesas confrontaram-se com as tropas espanholas. [2] Quando ela se confrontou com os problemas do seu divórcio ficou desesperada.

confundir *alg.* **ou** *alg. c.* **com** — tomar uma pessoa ou coisa po outra.
*Ex.: Ele confundiu-me com uma amiga que vive em Cascais.
O estudante confundiu o significado de uma palavra com outro significado.*

confundir-se com — misturar-se com, enganar-se em.
Ex.: Os assaltantes confundiram-se com a multidão e conseguiram escapar à perseguição da polícia. Confundi-me com tantas ruas que não consegui encontrar o hotel.

congratular-se com — alegrar-se com.
Ex.: Congratulo-me com a tua promoção a Tenente-Coronel.

conotar com — atribuir significado aproximado a, identificar com.
Ex.: Eles conotam-no, politicamente, com a esquerda.

consagrar *alg. c. a alg.* — o m.q. dedicar alg. c. a alg.
Ex.: Consagraram todos os seus esforços à defesa da democracia.

consciencializar-se de — tomar consciência de, compreender.
Ex.: Ele só se consciencializou da gravidade da situação quando viu as imagens na televisão.

consentir em — permitir que, dar consentimento.
Ex.: Depois de tanta insistência da parte dos jornalistas, o ministro consentiu em dar uma entrevista.

considerar como — reputar, ter na conta de, atribuir valor a alg. ou alg. c.
Ex.: Considerávamos o professor como uma pessoa competente e veemente nas suas afirmações.

consistir em — ser constituído por, constar de.
Ex.: O teste de Português consiste na interpretação e compreensão de um texto.

consolar-se com — regalar-se com, deliciar-se com.

Ex.: *Consolei-me com aquela deliciosa sobremesa de chocolate.*

conspirar contra — unir-se contra.
Ex.: *Às vezes, até os nossos amigos conspiram contra nós.*

constar de — ¹ consistir em, ² ter referência.
Ex.: ¹ *O jantar constava de um prato de peixe e outro de carne e muitas sobremesas.* ² *Essas datas constam da "Crónica de D. João I".*

constranger a — coagir a, impelir a.
Ex.: *O chefe constrangia-o a fazer todo aquele trabalho sem qualquer pausa.*

constranger-se com — apertar-se, retrair-se com.
Ex.: *Constrangia-se com o olhar inquisidor do pai.*

contactar com — entrar em contacto com.
Ex.: *Tentei contactar com a minha amiga pelo telefone, mas não a encontrei.*

contagiar com — transmitir uma doença por proximidade.
Ex.: *Contagiou toda a família com gripe.*

contaminar com — o m.q. infestar com/de.

contar *alg. c.* **a** *alg.* — o m.q. revelar alg. c. a alg.

contar com — esperar o apoio, ajuda ou presença de.
Ex.: *Ele conta contigo para a sua festa de aniversário.*

contemporizar com — condescender com.
Ex.: *Quando eu e o António estamos em desacordo, contemporizo sempre com ele para não nos zangarmos.*

contender com — discutir com, trocar argumentos com.
Ex.: *No mercado, é frequente ver as vendedoras a contenderem umas com as outras.*

contentar-se com — satisfazer-se com.
Ex.: *Contentávamo-nos com o que havia para comer.*

conter-se em — estar incluído em.
Ex.: *Todas as experiências de juventude se continham naquele seu diário.*

continuar a — não cessar de.
Ex.: *O meu pai continua a gostar de ler, apesar de já ver mal.*

continuar com — prosseguir com.
Ex.: *Continuamos com as lições de guitarra portuguesa na Academia de Amadores de Música.*

contracenar com — participar nas mesmas cenas.
Ex.: *Naquele filme, Vasco Santana contracenava com António Silva.*

contrapor a — opor a, argumentar contra, contrariar.
Ex.: *Eu posso contrapor muitos argumentos a esse problema.*

contrapor-se a — opor-se a.
Ex.: *A tua força contrapõe-se totalmente à minha.*

contrastar com — fazer oposição a.
Ex.: *Branco contrasta com preto.*
O teu pessimismo contrasta com o meu otimismo.

contribuir com — participar numa dádiva comum.
Ex.: Vamos contribuir com livros e material escolar para ajudarmos as crianças africanas de Angola e Moçambique.

contribuir para — ter parte num resultado de alg. c.
Ex.: A tua alegria contribui para o meu equilíbrio psicológico.

contundir alg. **com** — causar dano, ferir alg. com.
Ex.: O jogador contundiu o atacante com um pontapé no estômago.

convalescer de — recuperar a saúde.
Ex.: Convalesceu da doença com dificuldade.

convencer alg. **a** *(+ infin.)* — persuadir alg. a, obter o assentimento de outrem a uma proposta.
Ex.: Eles convenceram-me a ir com eles a França.

convencer alg. **de** — persuadir alg. de.
Ex.: Eu quero convencer-te da utilidade do telemóvel.

convencer-se de — ficar persuadido de.
Ex.: Ele convenceu-se de que era muito inteligente.

convergir com — encontrar-se num ponto ou num lugar.
Ex.: A Rua do Ouro converge com outras ruas, no Rossio.

convergir em — coincidir em.
Ex.: As nossas opiniões não convergem em nenhum aspeto.

convergir para — tender para um ponto comum.
Ex.: Todas as conversas convergiram para o tema da ecologia.

conversar com — falar com.
Ex.: Ele gosta de conversar durante horas a fio com os amigos.

conversar de/sobre — falar acerca de.
Ex.: Conversamos frequentemente de/sobre pintura.

converter alg. c. **em** — transformar alg. c. em.
Ex.: Podemos converter o petróleo noutros produtos.

converter(-se) a — abraçar novo credo religioso ou político.
Ex.: Para se casar com ele teve de converter-se ao islamismo; ele conseguiu convertê-la à sua religião.

converter-se em — transformar-se em.
Ex.: A minha ansiedade converteu-se em choro (fig.).

convidar alg. **a** — [1] fazer convite, sugerir, [2] dar uma ordem a alg. indiretamente.
Ex.: [1] Convido-te a assistires ao casamento da minha filha. [2] Convido-o a abandonar a sala imediatamente.

convidar alg. **para** — fazer convite para, pedir a alg. que compareça, que tome parte em algum ato.
*Ex.: Convidámos a tia Júlia para um passeio de barco.
Convido-o para jantar em minha casa.*

(alg. c.) **convir a** *alg.* — alg. c. ser conveniente a alg.
Ex.: Convinha-lhe ter as férias em julho.

convir em — acordar em, combinar.
Ex.: Os dois convieram no preço da casa.

conviver com — ter convivência com, ter contacto social com.
Ex.: É bom conviver com os amigos. Os estrangeiros que estudam português precisam de conviver com portugueses.

convocar *alg.* **para** — chamar ou convidar para, mandar comparecer.
Ex.: Vou convocar os estudantes para uma reunião na próxima segunda-feira.

cooperar com — colaborar com.
Ex.: Portugal vai cooperar com os países africanos na defesa das liberdades democráticas.

copiar por — plagiar, reproduzir de alg.
Ex.: O Pedro tentou copiar pelo João no exame de Geografia.

correr em — ¹ estar em uso; ² deslizar.
Ex.: ¹ Essas notas de quinhentos escudos já não correm no nosso país; agora, só euros. ² A janela não corre nos caixilhos porque o fecho emperrou.

correr para — ¹ deslizar para, ² dirigir-se rapidamente para.
Ex.: ¹ Todos os rios correm para o mar. ² Corri para a paragem do autocarro.

correr por — espalhar-se por.
Ex.: A notícia correu por todo o mundo.

corresponder a — estar em correspondência com, equivaler a.
Ex.: Isso que dizes não corresponde ao que o Henrique me contou.

corresponder-se com — manter contacto através de carta.
Ex.: Correspondemo-nos com muitos estudantes estrangeiros.

corrigir-se de — emendar-se de, tentar melhorar o comportamento.
Ex.: A Teresa não se corrige do hábito de se levantar tarde.

cortar com *alg.* **ou** *alg. c.* — o m.q. romper com (fig.), acabar com.
Ex.: Cortei com o tabaco de uma vez por todas.

coser-se com — ¹ aproximar-se de; ² aproveitar-se, abotoar-se com, ficar com tudo para si, sem repartir com os outros.
Ex.: ¹ Alguns animais não avançaram, outros coseram-se com a fileira de árvores e avançaram. ² Coseu-se com a herança da tia e não deu nada aos irmãos.

costumar-se a — o m.q. acostumar-se a.
Ex.: Não me costumo a pensar no casamento da minha filha.

coxear de — claudicar, mancar de, andar inclinando-se para um dos lados, por doença ou defeito numa perna.
Ex.: Ela coxeia da perna esquerda.

cozinhar em — preparar os alimentos ao lume.
Ex.: Os alimentos têm melhor sabor se os cozinharmos em lume brando e em pouca água.

cravar *alg. c.* **em** — o m.q. espetar alg. c. em.

crer em — acreditar em.
Ex.: Há pessoas que não creem em Deus.

criticar por — o m.q. censurar por.

crivar *alg.* **de** — furar em muitos pontos.
Ex.: O pistoleiro crivou de balas o empregado do bar.

cruzar-se com — encontrar-se casualmente com.
Ex.: O Pedro cruza-se muitas vezes com a Isabel, na rua.

cuidar de — ¹ tratar de, ² curar de (+ *infin.*), preocupar-se em (+ *infin.*).
Ex.: ¹ Ela cuida muito bem das plantas que comprou. Cuidou da mãe até à sua morte. ² Não cuidaram de apurar a verdade dos factos.

cuidar em — ¹ pensar em, ² refletir sobre.
Ex.: ¹ Não faz nada de útil, só cuida em gastar dinheiro. ² Cuidou em tudo o que lhe sugeriram.

cuidar-se para — o m.q. preparar-se para.

culminar em — atingir o ponto mais alto com.
Ex.: Aquela conversa culminou numa grande discussão.
A atuação da pianista culminou num grande êxito.

culpar *alg.* **de** — acusar alg. de.
Ex.: Eles culparam-no de ter dito aquelas mentiras.

cumprir com — executar, concretizar o que foi fixado.
Ex.: Cumpria com os seus deveres sem protestar.

curar *alg.* **com** — tratar com, restituir a saúde com.
Ex.: O médico curou-a com radioterapia.

curar de — preocupar-se em (+ *infin.*), ter interesse em (+ *infin.*).
Ex.: Não curaram de saber como tudo se passou de facto.

curar(-se) de — recuperar a saúde.
Ex.: Já me curei daquela gripe terrível. O médico curou-a da depressão.

curvar-se a *alg.* — rebaixar-se a alg., humilhar-se a alg.
Ex.: A Joana nunca se curvou a ninguém porque é orgulhosa.

curvar-se para — o m.q. inclinar-se para.

cuspir em/para — expelir cuspo, salivar em/para.
Ex.: É feio cuspir no/para o chão.

D

dar *alg. c.* **a** *alg.* — oferecer alg. c. a alg., entregar alg. c. a alg.
Ex.: A Manuela deu-me um livro de poesia de Florbela Espanca. O porteiro deu-me as chaves do apartamento.

(ir) dar a — desembocar em, acabar em.
Ex.: *A Rua Augusta vai dar à Praça do Comércio.*

dar a alg. **para** alg. c. — considerar-se com aptidão para alg. c.
Ex.: *Tem tentado todas as artes de palco; agora deu-lhe para o teatro.*

dar com — [1] descobrir, surpreender, [2] encontrar, [3] condizer com, [4] bater em.
Ex.: [1] *Demos com ela a beber aguardente.* [2] *Finalmente dei com a solução do problema.* [3] *O tecido tem barras a dar com o desenho dos azulejos.* [4] *O homem pegou num pau e deu com ele no cão.*

dar de (si) — ceder, abater.
Ex.: *A parede deu de si. O soalho deu de si e as pessoas caíram.*

dar em — [1] transformar-se, [2] resultar em, [3] começar a (+ *infin*.).
Ex.: [1] *Ele deu em alcoólico.* [2] *Tanto faz falares como não, que vem a dar no mesmo.* [3] *A polícia de choque deu em bater nos manifestantes.*

dar para — [1] servir para, ter utilidade para, [2] estar situado defronte, [3] ser suficiente para, chegar para.
Ex.: [1] *Isso dá para alguma coisa?* [2] *A janela do quarto dava para um lindo jardim.* [3] *Estas sardinhas não dão para tanta gente.*

dar por — aperceber-se, tomar consciência de.
Ex.: *Dei por mim a pensar outra vez em África.*
Ela entrou em casa e eu não dei por nada.

dar alg. ou alg. c. **por** — considerar.
Ex.: *O médico deu-o por interdito. Ao fim de duas horas dei por concluída a lição.*

dar-se a — entregar-se a, usufruir de.
Ex.: *Dava-se a grandes luxos e gastava muito dinheiro.*

dar-se com — [1] conviver com, relacionar-se com, [2] adaptar-se a.
Ex.: [1] *A Marta é muito sociável, dá-se com muita gente.* [2] *Não me dou com climas frios.*

dar-se por — julgar-se, considerar-se, sentir-se.
Ex.: *Dá-se por feliz com o que tem.*

datar de — remontar a, ter referência no tempo.
Ex.: *Esse documento data de 1640.*

deambular por — passear por, vaguear por.
Ex.: *Como não tinha sono, deambulou toda a noite pelas ruas da cidade.*

debater(-se) com — [1] discutir com, [2] lutar com.
Ex.: [1] *O jornalista debateu a questão com os políticos.* [2] *Os sindicalistas debatem-se com grandes problemas a nível interno.*

debruçar-se sobre — [1] inclinar-se sobre, [2] examinar com cuidado.
Ex.: [1] *Debruçámo-nos sobre a janela para vermos a paisagem.* [2] *O diretor debruçou-se sobre o relatório de contas da empresa (fig.).*

decair para — o m.q. descair para.
Ex.: *As pálpebras decaiam-lhe para os olhos.*

decalcar de — reproduzir, imitar, copiar de.
Ex.: Decalcou o desenho de um livro que tinha em casa.

dececionar-se com — desapontar-se com.
Ex.: Dececionámo-nos bastante com o filme; esperávamos melhor.

decidir-se a — tomar uma decisão.
Ex.: Finalmente decidimo-nos a ir para férias.

decidir-se por — escolher, optar por.
Ex.: Eu decidi-me pelo livro de David Mourão-Ferreira, «Um Amor Feliz».

decidir sobre — tomar uma decisão.
Ex.: O que é que vais decidir sobre a viagem?

declarar *alg. c.* **a** *alg.* — manifestar de modo claro, afirmar, anunciar.
Ex.: Declaro-te que não quero trabalhar mais contigo.

declarar-se a *alg.* — exprimir amor por.
Ex.: O João conseguiu coragem para, finalmente, se declarar à Teresa.

decompor em — separar em.
Ex.: Temos que decompor este problema de Matemática em três partes distintas.

decorrer de — resultar de.
Ex.: Essa tua opinião sobre as crianças decorre do facto de seres professora.

dedicar a — oferecer por dedicação, consagrar.
Ex.: Ele dedicou o livro aos pais. Ela dedica os seus tempos livres ao estudo das ciências ocultas.

dedicar-se a — [1] afeiçoar-se a, [2] entregar-se a.
Ex.: [1] *Dedicou-se ao sobrinho com grande ternura.* [2] *O Luís dedicou-se à defesa dos direitos dos animais. Depois de reformado, dedicou-se à agricultura.*

deduzir de — tirar conclusão de.
Ex.: Deduzo das tuas palavras que és um amante da natureza.

defender *alg.* **ou** *alg. c.* **de** — proteger de.
Ex.: Os guardas defendiam as pessoas e as casas do ataque dos terroristas.

defender-se contra — o m.q. preservar-se contra.

defender-se de — [1] abrigar-se de, [2] proteger-se de.
Ex.: [1] *Defendi-me da chuva debaixo de uma árvore.* [2] *Não conseguiu defender-se dos ataques dos partidos da oposição.*

defrontar-se com — encarar, o m.q. debater-se com; ter pela frente.
Ex.: O governo defronta-se com graves problemas económicos.

degenerar em — passar para pior.
Ex.: A gripe que ele apanhou degenerou em pneumonia.

deitar a (+ *infin.*) — começar a.
Ex.: Deitou a correr quando verificou que já estava atrasado.

deitar *alg. c.* **a/em** — pôr alg. c. em, colocar alg. c. em.

Ex.: Deitei os jornais ao/no lixo depois de os ler.

deitar para — dar para.
Ex.: A janela deita para o parque.

deixar de — ¹ parar de, ² não continuar a.
Ex.: ¹Eles deixaram de me mandar o jornal pelo correio. ²Deixámos de sair juntos.

deixar *alg. c.* **por** (+ *infin*.) — não realizar uma ação.
Ex.: Saí cedo de casa e deixei a cama por fazer e a cozinha por arrumar.

deixar-se de — pôr fim a, acabar com.
Ex.: Deixemo-nos de conversas supérfluas e vamos ao essencial da questão.

delegar em *alg.* —confiar uma tarefa a alg., encarregar alg. de.
Ex.: Delego em ti a coordenação do trabalho.

deleitar-se com — sentir prazer em, deliciar-se com.
Ex.: Acho que toda a gente se deleita com um bom filme.

deleitar-se em — sentir prazer em.
Ex.: Deleitei-me na contemplação daquele belo quadro.

deliberar sobre — resolver ou decidir mediante exame ou discussão.
Ex.: O chefe deliberou sobre a promoção de alguns funcionários.

deliberar-se a (+ *infin*.) — resolver, decidir.
Ex.: Deliberaram-se a arrombar a porta.

deliciar-se com — o m.q. deleitar-se com.

demarcar-se de — distinguir-se de, manifestar posição distinta de.
Ex.: No meio dos convidados, ela demarcava-se das outras senhoras pela sua elegância e distinção. Ele demarcou-se da linha de orientação do seu partido político.

demitir *alg.* **de** — o m.q. exonerar alg. de.

demitir-se de — pedir a demissão de, renunciar a.
Ex.: O diretor do nosso departamento demitiu-se do cargo por causa de problemas políticos.

demorar a (+ *infin*.) — levar mais tempo que o esperado.
*Ex.: Tu demoraste muito tempo a responder à minha carta.
O comboio demora a chegar.*

demorar com — atrasar-se com.
Ex.: Escrevi para a empresa a reclamar, mas estão a demorar com a resposta.

demorar-se a (+ *infin*.) — quedar-se a, ficar a.
Ex.: Ela demorou-se a apreciar a beleza do pôr do sol na praia.

demover *alg.* **de** — dissuadir de, fazer renunciar a.
Ex.: Ele tentou demover-me de eu aprender chinês, mas não conseguiu.

deparar com — encontrar, defrontar-se com.
Ex.: Ontem, no Rossio, deparei com uma grande multidão.

depender de — estar na dependência de.
Ex.: *É sempre problemático depender de alguém ou de alguma coisa.*

dependurar *alg. c.* **em** — o m.q. pendurar em.
Ex.: *Dependurou o casaco no bengaleiro da entrada.*

depor contra — fazer depoimento desfavorável a.
Ex.: *A Teresa depôs contra os vizinhos, no tribunal.*

depor por — fazer depoimento favorável a.
Ex.: *Ela vai depor pelo preso político.*

depositar *alg. c.* **em** — colocar em, dar a guardar a, confiar em.
Ex.: *Todos os meses deposito 40 euros no banco. O primeiro-ministro deposita confiança nos seus ministros (fig.).*

depreender de — deduzir de.
Ex.: *Depreendo das notícias dos jornais que a situação é grave.*

derivar de — resultar de, provir de.
Ex.: *A palavra casinha deriva da palavra casa.*

desabafar com *alg.* — exteriorizar sentimentos reprimidos.
Ex.: *Quando temos problemas, é bom desabafar com os nossos amigos.*

desabituar-se de — perder o hábito de.
Ex.: *Ele desabituou-se de fumar, com muito sacrifício.*

desaconselhar *alg.* **de** — não recomendar a alg.
Ex.: *O médico desaconselhou-a de fumar.*

desacostumar-se de — o m.q. desabituar-se de.
Ex.: *O meu irmão desacostumou-se de ler antes de dormir.*

desafeiçoar-se de — perder a afeição a.
Ex.: *A Maria desafeiçoou-se do marido por ele ser tão intransigente.*

desafiar *alg.* **a** — provocar para desafio, incitar a.
Ex.: *Eu desafio-te a que digas na minha cara que eu sou mentiroso.*

desafiar *alg.* **para** — convidar para, incitar a/para.
Ex.: *Ele desafia-me todos os dias para jogar ténis com ele.*
No século XV os homens desafiavam os seus rivais para um duelo.

desagradar a — não agradar a.
Ex.: *As reformas desagradaram aos conservadores.*

desagravar-se de — vingar-se de.
Ex.: *Ela desagravou-se de todas as ofensas sofridas.*

desaguar em — terminar em (rio).
Ex.: *O rio Tejo desagua no oceano Atlântico.*

desajustar-se de — não se ajustar a, não se adaptar a.
Ex.: *Essas tuas ideias conservadoras desajustam-se um pouco da realidade.*

desalentar-se com — o m.q. desanimar-se com.

desalojar *alg.* **de** — expulsar de.

Ex.: O senhorio desalojou os inquilinos daquela casa.

desandar de — fazer alguém sair de.
Ex.: Estou zangada contigo, por isso, desanda da minha casa.

desanimar-se com — desiludir-se com, desalentar-se com.
Ex.: Ela desanimou-se com os resultados das análises clínicas.

desanimar-se de — perder a vontade de fazer qualquer coisa.
Ex.: Como ela estava cansada, desanimou-se de estudar.

desanuviar-se de — libertar-se de, aliviar-se de.
Ex.: Finalmente o Pedro desanuviou-se dos seus problemas.

desaparecer de — [1] não aparecer em, [2] não ser visto em, [3] ir-se embora de.
Ex.: [1] Não te quero ver, desaparece da minha vista. [2/3] Ele desapareceu de Lisboa, agora ninguém sabe onde ele está.

desapegar(-se) de — [1] despegar de, desprender, soltar; [2] desafeiçoar.
Ex.: [1] Queria desapegar-se das más recordações. [2] A separação desapegou-a do irmão.

desapiedar-se de — perder a piedade por, deixar de ter pena de.
Ex.: O pai desapiedou-se do filho porque ele não se esforçava por arranjar um emprego.

desapontar-se com — decepcionar-se com.
Ex.: Desapontei-me com José Saramago; acho que é um escritor demasiado pessimista.

desapossar(-se) de — o m.q. desapropriar(-se) de.

desapropriar(-se) de — [1] desapossar de, tirar; [2] renunciar à posse de.
Ex.: [1] Desapropriaram-no de todos os seus bens. [2] Desapropriou-se de tudo o que possuía para seguir a vida religiosa.

desarmonizar-se com — o m.q. desentender-se com, não se harmonizar com.

desarticular-se de — perder a articulação com, desconjuntar-se de.
Ex.: Naquele departamento, a atuação de certos elementos desarticulava-se da orientação geral traçada.

desarvorar de — desaparecer de, fugir de.
Ex.: Desarvorou de casa e nunca mais ninguém o viu.

desatar a (+ *infin.*) — começar a.
Ex.: Quando o ladrão viu o polícia, desatou a correr.

desavir-se com — zangar-se com, não se entender com.
Ex.: O João desavem-se frequentemente com os pais.

descair para — inclinar, pender para.
Ex.: O quadro descaiu para a direita.

descambar em — degenerar em/para, ter resultado contrário ao que se esperava.
Ex.: Naquela noite, queríamos falar sobre poesia, mas a conversa descambou em política.

descarregar em/sobre — lançar em/sobre.

Ex.: ¹ Descarregaram as caixas em/sobre dois sítios diferentes. ² O patrão descarregou a sua cólera sobre o empregado (fig.).

descartar-se de — livrar-se de alg. ou alg. c. (fig.)
Ex.: Consegui descartar-me daquele colega maçador. O Manuel descartou-se, finalmente, daquele carro velho.

descender de — provir de por geração, ter origens.
Ex.: A família do meu marido descende de alemães.

descer a/até — baixar a/até.
Ex.: A temperatura desceu a/até 10 graus negativos.

descer de — passar de um plano mais alto para mais baixo, baixar de.
Ex.: Desci do autocarro e dirigi-me ao correio mais próximo.

descolar de — levantar voo de (o avião), despegar alg. c. de.
Ex.: O avião da TAP descolou do Aeroporto de Lisboa às 13 horas. Descolei o papel da parede.

desconfiar de — duvidar de, suspeitar de.
Ex.: O povo desconfia das intenções do governo.

descontrolar-se com — perder o controle, desorientar-se com.
Ex.: O Fernando decontrolou-se com as perguntas do polícia.

desconversar com — encaminhar a conversa para outro assunto.
Ex.: Estás a desconversar comigo?

descoser-se com (*pop.*) — revelar um segredo.
Ex.: Descoseu-se com a Paula e contou-lhe tudo.

descrer de — não acreditar em, perder a fé.
Ex.: Ela está tão desiludida que descrê de tudo e de todos.

desculpar alg. **por** — perdoar a alg. por.
Ex.: O Nuno desculpou-me por eu o ter ofendido.

desculpar-se com — arranjar um pretexto, uma desculpa com.
Ex.: Eu cheguei tarde à faculdade e desculpei-me com o atraso do autocarro.

desculpar-se por — apresentar desculpas por.
Ex.: A Manuela desculpou-se por ter chegado atrasada.

descurar-se em — descuidar-se, desleixar-se em.
Ex.: Começou a beber e logo começou a descurar-se na aparência e no vestuário.

desdenhar de — desprezar, mostrar desdém por.
Ex.: Estás sempre a desdenhar da roupa que eu visto, mas eu não me zango.

desdizer-se de — o m.q. retratar-se de.

desembaraçar-se de — livrar-se de, libertar-se de.
Ex.: Desembaraçou-se de todos os móveis velhos.

desembarcar em — sair do barco em.

Ex.: *Os soldados desembarcaram no Cais de Alcântara.*

desembocar em — acabar em.
Ex.: *A Rua do Ouro desemboca na Praça do Comércio.*

desempossar *alg.* **de** — privar da posse de.
Ex.: *O gerente da empresa desempossou o Sr. Almeida do cargo de chefe de secção.*

desencaminhar *alg.* **de** — desviar do bom caminho.
Ex.: *O amigo desencaminhou-o da vida calma que levava.*

desencantar *alg. c.* **em** — descobrir em, achar em.
Ex.: *Desencantei aquela cómoda num antiquário da Rua de S. Bento.*

desencantar-se de — perder o encanto de.
Ex.: *Ele desencantou-se tanto da vida que só deseja morrer.*

desencorajar *alg.* **de** — fazer alg. perder a coragem de/para, desmotivar alg. de.
Ex.: *Nós desencorajámos o Pedro de ir viver para o estrangeiro.*

desencostar-se de — desviar-se do encosto, do apoio.
Ex.: *Carlos, desencosta-te da parede!*

desencravar de (*cal.*) — livrar de, tirar de apuros.
Ex.: *A Ana desencravou o amigo de dificuldades.*

desenganar-se de — desiludir-se de.
Ex.: *Ele desenganou-se da cura e resolveu assumir a situação com toda a coragem.*

desengraçar com — antipatizar com.
Ex.: *A Joana desengraça com o professor de História.*

desenrascar(-se) de (*cal.*) — desembaraçar(-se) de, livrar(-se) de apuros; resolver um problema.
Ex.: *O eletricista desenrascou-me da avaria na luz. Tivemos de desenrascar-nos da falta de gasolina.*

desentender-se com — não se entender com, desavir-se com.
Ex.: *Os trabalhadores desentenderam-se com o diretor da empresa.*

desenterrar de — [1] tirar debaixo da terra, [2] trazer à memória.
Ex.: [1] *Ela desenterrou o tesouro.* [2] *Às vezes, desenterramos recordações da nossa infância (fig.).*

desenvencilhar-se de *alg. ou alg. c.* — [1] livrar-se de, [2] libertar-se de.
Ex.: [1] *A Helena desenvencilhou-se, finalmente, daquela empregada incompetente.* [2] *Não sei como vou conseguir desenvencilhar-me do problema.*

desertar de — fugir de.
Ex.: *Ele desertou do exército. Os alunos desertaram da sala de aula (fig.).*

desertar para — abandonar o serviço militar sem licença, fugir para.
Ex.: *Ele desertou para França porque não quis combater em África.*

desesperar/-se com/de — afligir-se com.
Ex.: *A mãe desesperou/-se com a/da demora do filho.*

desfalecer com/de — perder as forças, desmaiar com/de.
Ex.: Há três dias sem comer, a pobre desfalecia com/de fraqueza.

desfazer em — depreciar, menosprezar.
Ex.: O marido da Ana desfaz em tudo o que ela compra.

desfazer-se de — dar ou vender, livrar-se de.
Ex.: Os pais dela desfizeram-se da casa de praia, porque precisavam de dinheiro.

desfazer-se em — exagerar as atitudes.
Ex.: Algumas das minhas colegas desfazem-se em amabilidades com o nosso diretor.

desfilar por — marchar por.
Ex.: A banda de música desfilou pela Avenida da Liberdade.

desforrar-se de — vingar-se de, compensar-se de.
Ex.: Os jogadores vão tentar desforrar-se da derrota sofrida.

desfrutar de — gozar, tirar proveito de, usufruir de.
Ex.: Desejo desfrutar de paz e tranquilidade durante as férias.

desgastar-se com — aborrecer-se com, saturar-se com.
Ex.: Eu desgastei-me com aquela discussão sobre economia.

desgostar de — deixar de gostar de.
Ex.: Desgostou dele e deixou-o passado pouco tempo.

desgostar-se com/por — descontentar-se com.
Ex.: A Maria desgostou-se com as/pelas frequentes atitudes incorretas do marido.

desgostar-se de — descontentar-se de, entristecer com.
Ex.: O comportamento dele fez com que eu me desgostasse dele totalmente.

designar como — nomear, determinar como.
Ex.: O chefe designou-o como seu representante nas reuniões.

desiludir-se com — ficar dececionado com.
Ex.: A Ana desiludiu-se com o final do filme.

desiludir-se de — desenganar-se de, dececionar-se de.
Ex.: Desiludiu-se de viver, depois de tantos desgostos.

desinfetar de — livrar de infeção, purificar.
Ex.: Desinfetaram de micróbios, toda a ferida.

desintegrar(-se) de — separar(-se) de, excluir de.
Ex.: As partículas desintegraram-se do composto.
Desintegrei-o do nosso grupo.

desinteressar-se de — ficar indiferente a, perder o interesse por.
Ex.: Ele desinteressou-se de estudar.

desistir de — renunciar a, não querer continuar.
Ex.: Desisto de ir ao cinema porque já é muito tarde. Desistiu do emprego por causa da filha pequena.

desligar-se de — separar-se de, afastar-se de.

Ex.: *Preciso de me desligar do trabalho e dos amigos para poder descansar e meditar.*

deslizar por — escorregar suavemente por.
Ex.: *A bola deslizou pela rua abaixo.*

deslocar-se a — ir a, dirigir-se a.
Ex.: *O ministro deslocou-se ao local do acidente.*

deslocar-se com — o m.q. mover-se com.

deslocar-se de — o m.q. ir de.

deslocar-se para — o m.q. ir para.

deslumbrar-se com *alg. ou alg. c.* — fascinar-se com alg. ou alg. c., encantar-se com alg. ou alg. c.
Ex.: *O rapaz deslumbrou-se com aquela cantora. Os estrangeiros deslumbram-se com o Carnaval no Rio de Janeiro.*

desnortear-se de — desorientar-se de, desviar-se de.
Ex.: *Desnorteou-se da rota que queria seguir.*
Desnorteei-me dos meus projetos (fig.).

desobedecer a — não obedecer a.
Ex.: *Desobedeceu ao pai, sem pensar nas consequências.*

desobrigar *alg.* **de** — livrar de, isentar de.
Ex.: *O governo devia desobrigar os cidadãos do pagamento de alguns impostos.*

desorientar-se com — atrapalhar-se, desnortear-se com.
Ex.: *Ele desorientou-se com o que o professor lhe disse.*

despachar para — enviar para.
Ex.: *Despachei a encomenda para Coimbra.*

despachar-se com — apressar-se com.
Ex.: *Despacha-te com isso; estamos atrasadas.*

despedir-se de — dizer adeus a.
Ex.: *Sempre que sai de casa, ele despede-se da mulher com um beijo.*

despegar-se de — [1] descolar-se de, [2] desafeiçoar-se de, libertar-se de.
Ex.: [1] *O papel despegou-se da parede.* [2] *Ao fim de alguns anos, despegou-se daquela relação amorosa (fig.).*

despeitar-se com — ressentir-se com, melindrar-se com, ficar magoado com (fig.).
Ex.: *Ela despeitou-se com a atitude do aluno.*

despejar em — deitar em, pôr em, largar em.
Ex.: *Vou despejar a água dos copos no lava-louça.*
Despejem o lixo no contentor!

despenhar-se em — cair de grande altura.
Ex.: *O avião despenhou-se no mar.*

despertar para — ficar estimulado para, acordar para.
Ex.: *Muitos portugueses só despertaram para a política depois da revolução de 25 de abril de 1974 (fig.).*

despir-se de (*fig.*) — libertar-se de.
Ex.: *Despiu-se de preconceitos e resolveu dar liberdade aos filhos.*

despojar-se de — renunciar a, ficar sem q.q. coisa.
Ex.: Ele despojou-se de tudo o que possuía e foi viver para o campo.

desprender-se de — ¹ soltar-se de, ² desligar-se afetivamente de.
Ex.: ¹ O gancho desprendeu-se do cabelo. ² Ele desprendeu-se da família que amava, quando emigrou (fig.).

destacar-se de — distinguir-se de, salientar-se de.
Ex.: O João destaca-se dos outros alunos porque é muito organizado.

destacar-se entre — distinguir-se entre.
Ex.: A atleta Rosa Mota destacou-se entre as melhores atletas mundiais.

destinar-se a — ¹ dirigir-se a, ² estar reservado para, ³ ter por objetivo.
Ex.: ¹ Este comboio destina-se a Paris. ² Aquele presente destina-se ao meu amigo. ³ A reunião destina-se à discussão do orçamento para o próximo ano.

destituir *alg. de* — privar de, afastar do cargo.
Ex.: Eles quiseram destituir a minha irmã de diretora de departamento.

destoar de — não condizer com, não se harmonizar com.
Ex.: Os teus sapatos destoam do teu vestido.
O modo como falavam, destoava do ambiente calmo da sala.

destrinçar de — distinguir de.
Ex.: Não consigo destrinçar um gémeo do outro.

desviar *alg. c. de* — afastar alg. c. de.
Ex.: Por favor, desvia o sofá do canto da sala. Desviei a atenção do assunto que se discutia (fig.).

desviar *alg. c. para* — o m.q. afastar alg. c. para.

desviar-se de — afastar-se de.
Ex.: Desviei-me do carro para não ser atropelada.
O entrevistado desviou-se do tema em discussão.

desvincular-se de — desligar-se de.
Ex.: A partir de agora, desvinculo-me de qualquer decisão tomada pelos meus colegas.

determinar-se a (+ *infin.*) — decidir-se a.
Ex.: Determinaram-se a acabar o trabalho em dois dias.

deter-se a (+ *infin.*) — demorar-se a, parar.
Ex.: A Ana deteve-se a olhar para os quadros da pintora Vieira da Silva.

deter-se em — tomar tempo com.
Ex.: O professor deteve-se em pormenores de pouca importância.

dever-se a — ter como causa, ter uma origem em.
Ex.: O acidente deve-se ao facto de terem bebido demasiado.

devolver a — o m.q. restituir a.

devotar-se a — dedicar-se a.
Ex.: Devotou-se à profissão de médico com toda a dedicação.

dialogar com *alg.* — trocar diálogo com.

Ex.: Os pais devem dialogar com os filhos.

diferenciar de — calcular a diferença entre, distinguir de.
Ex.: Devemos saber diferenciar os bons dos maus colegas.

diferenciar-se de — distinguir-se de.
Ex.: Os asiáticos diferenciam-se claramente dos europeus.

diferir de — ser diferente de, divergir de.
Ex.: O teu discurso difere do meu.

difundir-se a — divulgar-se a, espalhar-se a.
Ex.: O fado difundiu-se a outras cidades além de Lisboa.

difundir para — transmitir para.
Ex.: A Rádio Comercial difunde para todo o país.

difundir(-se) por — o m.q. espalhar(-se) por.

dignar-se a (+ *infin*.) — condescender em.
Ex.: O juiz dignou-se a ouvir mais uma testemunha.

diluir em — dissolver em.
Ex.: Para fazer aquele molho temos de diluir a farinha em leite.

diminuir de — abrandar, reduzir de.
Ex.: O barulho diminuiu de intensidade.

diplomar-se com — graduar-se com.
Ex.: Diplomou-se com a classificação máxima.

diplomar-se em — obter diploma em, graduar-se em.

Ex.: O meu primo diplomou-se em Enfermagem.

dirigir *alg. c.* **a** — o m.q. endereçar alg. c. a.

dirigir-se a — encaminhar-se em certa direção, ir a.
Ex.: Quando um estrangeiro tem problemas deve dirigir-se à Embaixada do seu país.

dirigir-se para — o m.q. encaminhar-se para.

discordar de — não concordar com.
Ex.: Discordo da tua filosofia de vida.

discorrer sobre — falar sobre, raciocinar sobre.
Ex.: Começou a discorrer sobre Camões e encantou todos os ouvintes.

discrepar de — diferir, divergir de.
Ex.: Os resultados das eleições discrepavam das previsões.

discutir com — trocar argumentos com.
Ex.: Por favor, não discutas mais comigo, quero paz. Discutimos política uns com os outros durante o almoço.

discutir sobre — o m.q. questionar sobre.

disfarçar-se de — apresentar-se de modo diferente para não ser reconhecido por.
Ex.: No Carnaval, ele disfarçou-se de mulher.

disparar contra — fazer fogo contra (com uma arma de fogo).
Ex.: O polícia disparou contra o carro do assaltante.

disparatar com — tomar atitudes desagradáveis, descontroladas contra alg.
Ex.: Como ela estava nervosa, disparatou com os filhos.

dispensar *alg. de* — conceder dispensa a, desobrigar de.
Ex.: O meu diretor dispensou-me de trabalhar ao sábado.

dispensar-se de — prescindir de, não se sentir obrigado a.
Ex.: Aquele professor dispensou-se de dar conselhos aos alunos.

dispersar-se por — ¹ espalhar-se por, ² divagar por.
Ex.: ¹ Os portugueses dispersaram-se por todo o mundo. ² O conferencista dispersou-se por temas demasiado complexos.

dispor de — possuir, ter à disposição.
Ex.: Os soldados dispunham de duas dezenas de tendas.

dispor *alg. c. em* — ¹ ordenar em, ² colocar em.
Ex.: ¹ Dispusemos as garrafas de Porto em quatro filas, por anos de colheita. ² Dispus flores em toda a casa.

dispor-se a — propor-se a, estar pronto a/para.
Ex.: O administrador dispôs-se a aumentar os salários dos trabalhadores.

disseminar(-se) por — espalhar(-se) por, difundir(-se) por, propagar(-se) por.
Ex.: Disseminou a virose por todos os membros da família. A cólera disseminou-se por todo o país.

dissentir de — discordar de, divergir de.
Ex.: Os deputados têm o direito de dissentir das opiniões do seu partido.

dissertar sobre — discursar sobre, discorrer sobre, falar sobre.
Ex.: Dissertou sobre Literatura Portuguesa Contemporânea.

dissimular-se de — o m.q. disfarçar-se de.
Ex.: Dissimulou-se de polícia para assaltar o banco.

dissociar *alg. c. de* — separar de, distinguir de.
Ex.: É preciso saber dissociar o orgulho da arrogância.

dissociar-se de — desligar-se de, separar-se de.
Ex.: Dissociou-se do grupo por não concordar com as decisões tomadas.

dissolver em — o m.q. diluir em.

dissuadir *alg. de* — fazer alg. mudar de opinião.
Ex.: Ela conseguiu dissuadir-me de comprar aquele casaco.

distanciar-se de — afastar-se de.
Ex.: A atleta distanciou-se do grupo para alcançar a meta. As suas ideias distanciam-se muito das dos pais (fig.).

distar de — estar à distância de.
Ex.: A casa dela dista apenas 300 metros da estação.

distinguir de — estabelecer ou conhecer a diferença entre.
Ex.: Há pessoas que não distinguem o azul do verde.

distinguir-se de — tornar-se notável.
Ex.: Este homem distingue-se dos outros porque é extraordinariamente alto e magro.

distinguir-se em — notabilizar-se em.
Ex.: Ele distingue-se na área das matemáticas aplicadas.

distinguir-se entre — evidenciar-se entre, tornar-se notável entre.
Ex.: Eça de Queiroz distingue-se entre os melhores escritores portugueses.

distinguir-se por — evidenciar-se por.
Ex.: Gil Vicente distingue-se pela ironia utilizada nas suas obras.

distrair *alg.* **de** — desviar a atenção de.
Ex.: A leitura distraía-a das suas preocupações.

distrair-se a — entreter-se a, divertir-se a.
Ex.: À noite distraio-me muito a ver televisão ou a ler.

distrair-se com — [1] ficar animado com, [2] dispersar a atenção com.
Ex.: [1] Ele distrai-se com os amigos ao fim de semana. [2] Na escola, o Pedro distrai-se facilmente com o colega da frente.

distribuir *alg. c.* **a** *alg.* — dar ou entregar a diversas pessoas.
Ex.: Ele distribuiu os bolos às crianças.

distribuir por — dar ou entregar a.
Ex.: Ela distribuiu chocolates por todos os convidados.

divergir de — ser diferente de.
Ex.: A tua opinião sobre este assunto diverge muito da minha.

divertir-se a (+ *infin.*) — entreter-se a, ocupar-se por distração.
Ex.: Divertiam-se a ver os macacos no Jardim Zoológico.

divertir-se com — entreter-se com.
Ex.: Eu divirto-me imenso com os filmes de Vasco Santana e António Silva.

dividir com/por — o m.q. repartir com/por.

dividir em — [1] partir em determinado número, [2] separar em.
Ex.: [1] Dividi a laranja em duas partes. [2] Dividimos o texto em três partes.

divorciar-se de — [1] descasar-se de, separar-se judicialmente de, [2] abandonar.
Ex.: [1] A Manuela divorciou-se do Pedro há catorze anos. [2] Desapontado, divorciou-se da política (fig.).

dizer com — [1] concordar com, [2] condizer com.
Ex.: [1] A Patrícia diz sempre com o marido. [2] A blusa não diz com a saia.

dobrar-se a — ceder a, humilhar-se a (fig.).
Ex.: Ela não se dobrava ao seu chefe.

dobrar-se para — o m.q. inclinar-se para.

documentar-se com — servir-se de documentos para comprovar.
Ex.: O jornalista documentou-se com elementos cem por cento credíveis.

dotar com — atribuir um bem, um valor a uma instituição.

Ex.: *O milionário dotou o centro de investigação com uma avultada quantia de dinheiro.*

dotar de — prover de, fornecer de.
Ex.: *Dotaram os gabinetes de todo o equipamento eletrónico mais moderno.*

doutorar-se em — obter grau de Doutor em.

Ex.: *O Quim doutorou-se em Bioquímica; doutorou-se em Inglaterra.*

drogar-se com — consumir droga.
Ex.: *Aquele jovem droga-se com heroína desde os quinze anos.*

duvidar de — suspeitar de, não acreditar em, desconfiar de.
Ex.: *Duvido dele, mas não tenho provas concretas contra ele.*

E

eclodir em/por — rebentar em/por, fazer-se sentir em/por.
Ex.: *A revolta dos estudantes eclodiu em/por todo o país.*

ecoar em/por — soar em/por, fazer eco em/por.
Ex.: *O grito da revolta ecoou em/por toda a parte.*

elevar-se a — ascender a, aumentar para.
Ex.: *Os prejuízos resultantes das inundações elevam-se a milhões de euros.*
O preço das casas na zona Oriental de Lisboa elevou-se a quantias exorbitantes.

elevar-se para — o m.q. erguer-se para.

elogiar *alg.* **por** — fazer elogios a, gabar por.
Ex.: *O diretor elogiou os empregados pelo bom trabalho realizado.*

elucidar *alg.* **sobre** — esclarecer alg. sobre, informar alg. sobre, explicar, tornar claro.
Ex.: *Tentei elucidar a minha filha sobre os perigos da droga.*

emanar de — soltar-se de, provir de.
Ex.: *Um encanto especial emanava daquela mulher.*
Emanava das flores do jardim um perfume maravilhoso.

emancipar-se de — libertar-se de.
Ex.: *Ela emancipou-se do controlo dos pais.*

emaranhar-se em — prender-se em.
Ex.: *Eu queria coser, mas a linha emaranhava-se no tecido.*

embaraçar-se com — atrapalhar-se com, perturbar-se com.
Ex.: *Embaracei-me com as palavras que ele me dirigiu.*

embarcar em — entrar a bordo de.
Ex.: *Embarquei no navio Funchal às seis horas.*

embater em/contra —chocar contra.
Ex.: *O carro embateu numa/contra uma árvore e ficou muito danificado.*

embebedar-se com — embriagar-se com.
Ex.: *Os estrangeiros embebedaram-se com aguardente bagaceira.*

embeber alg. c. **em** — fazer penetrar um líquido através de, ensopar com.
Ex.: Embebi o algodão em álcool.

embeiçar-se por — apaixonar-se por.
Ex.: O João embeiçou-se por uma colega de curso.

embelezar com — adornar com.
Ex.: Embelezaram a sala com lindos quadros.

embelezar-se com — tornar-se belo com.
Ex.: Dantes, as mulheres embelezavam-se com pó de arroz.

embicar em — ¹esbarrar em, tropeçar em, ²encalhar em (o navio).
Ex.: ¹ Ela embicou numa pedra e caiu. ² O navio embicou num banco de areia.

embirrar com — antipatizar com, implicar com.
Ex.: O professor de Matemática embirra com o João porque ele perturba o bom funcionamento dos trabalhos.

emboscar-se em — pôr-se à espera para atrair alg. de improviso, armar cilada.
Ex.: O bandido emboscou-se na floresta.

embrenhar-se em — meter-se em, envolver-se em.
Ex.: Os bandidos embrenharam-se na floresta e os polícias não conseguiram encontrá-los. Embrenhava-se cada vez mais no trabalho e esquecia a parte lúdica da vida (fig.).

embriagar-se com — o m.q. embebedar-se com.

embrulhar alg. c. **em/com** — envolver em/com.
Ex.: A minha amiga embrulhou o presente em/com papel dourado.

emendar-se de — o m.q. corrigir-se de.

emergir de — despontar de, sair de.
Ex.: Uma nova burguesia emergiu do 25 de abril de 1974.

emigrar para — sair da pátria para viver em.
Ex.: Muitos portugueses emigraram para França nos anos 60.

emocionar-se com — comover-se com, sentir comoção com.
Ex.: Ela emocionou-se com as palavras carinhosas dos seus alunos.

empanturrar-se com/de — o m.q. enfartar-se com/de.

empanzinar-se com/de — o m.q. empanturrar-se com/de.

emparceirar com — fazer parceria com, associar-se a/com.
Ex.: Podes emparceirar comigo neste jogo.

emparceirar em — associar-se em, tornar-se parceiro em.
Ex.: Os dois gémeos emparceiram em quase tudo o que fazem.

emparelhar com — igualar, condizer com.
Ex.: O primeiro verso emparelhava com o verso seguinte.

empatar com — obter resultado igual a.
Ex.: No jogo de domingo, o Benfica empatou com o Sporting.

empenhar-se em — envolver-se em, desenvolver esforços em.
Ex.: *É um empregado que se empenha profundamente em tudo o que faz.*

empertigar-se com — encher-se de vaidade com.
Ex.: *Empertigou-se muito com os elogios que lhe fizeram.*

empoleirar-se em — o m.q. poisar em.

empolgar-se com — entusiasmar-se com.
Ex.: *Empolguei-me com o enredo daquele filme tão comovente.*

empossar *alg.* **em** — dar posse a, investir em.
Ex.: *O primeiro-ministro empossou o diretor-geral no cargo de Secretário de Estado.*

enaltecer *alg.* **por** — elogiar alg. por.
Ex.: *Enalteci o Fernando pelas suas qualidades morais.*

enamorar-se de — apaixonar-se por.
Ex.: *O jovem enamorou-se de uma bela mulher.*

encadear em — ligar a.
Ex.: *É preciso encadear as ideias umas nas outras.*

encaixar(-se) em — o m.q. ajustar(-se) a, convir a.
Ex.: *Este exemplo encaixa-se perfeitamente no contexto.*

encalhar em — parar em, encontrar obstáculos em.
Ex.: *O barco encalhou na areia.*

encaminhar-se para — dirigir-se para.
Ex.: *Encaminharam-se para a saída da sala.*

encaminhar-se por — o m.q. meter-se por, ir por.

encantar-se com — fascinar-se com, enlevar-se com.
Ex.: *Encantou-se com as palavras simpáticas que lhe dirigi.*
Encantei-me com uma lindíssima cómoda que vi num antiquário.

encarar com — enfrentar.
Ex.: *Estava tão zangado que não conseguia encarar com ela.*

encarregar *alg.* **de** — incumbir alg. de, confiar uma tarefa a alg., responsabilizar alg. por alg. c.
Ex.: *O chefe encarregou-o de verificar a mercadoria.*

encarregar-se de — ocupar-se de, incumbir-se de.
Ex.: *Encarregou-se das compras para o fim de semana.*

encerrar/-se em — fechar/-se em, meter/-se em.
Ex.: *Encerraram o prisioneiro numa cela sem ventilação.*
Encerrei-me no escritório para poder acabar o trabalho tranquilamente.

encher(-se) com/de — atestar com/de, tornar cheio com/de.
Ex.: *Ele encheu o copo com/de vinho. Ela encheu-se de coragem para falar (fig.).*

encobrir com — tapar com, esconder, ocultar.
Ex.: *A menina, envergonhada, encobriu a cara com as mãos.*
A senhora encobria as rugas da testa com a franja.

encobrir-se de — ficar oculto.
Ex.: De repente, o Sol encobriu-se da nossa vista.

encobrir-se em — esconder-se em.
Ex.: Os fugitivos encobriram-se no denso arvoredo.

encolher-se perante — o m.q. retrair-se perante.

encontrar-se com *alg.* — ter encontro com alg.
Ex.: A Joana encontrou-se com o João no Centro Comercial das Amoreiras.

encontrar-se em — estar em.
Ex.: O presidente dos E.U.A. encontra-se em Portugal.
Encontro-me numa situação profissional muito agradável.

encontrar-se perante — estar perante, deparar-se com.
Ex.: Os missionários encontraram-se perante situações de grande tragédia humana.

encostar a — apoiar em, pôr contra para apoio.
Ex.: O homem encostou o móvel à parede.

encostar-se a/em — apoiar-se a/em.
Ex.: Ela encostou-se ao/no braço do amigo.

endereçar *alg. c.* **a** *alg.* — dirigir, enviar alg. c. a alg.; pôr o endereço em.
Ex.: O estudante endereçou a carta ao diretor do departamento.

endossar a — escrever o nome da pessoa a quem deve ser paga a quantia, no verso do documento comercial ou título de crédito.
Ex.: O patrão endossou o cheque à empregada.

enervar-se com — ficar nervoso com.
Ex.: O Joaquim enerva-se facilmente com as pessoas.

enfadar-se com — aborrecer-se com.
Ex.: A Dona Maria enfadou-se com a empregada doméstica, por isso, despediu-a.

enfartar-se com/de — ficar farto com/de.
Ex.: Naquela festa, os estrangeiros enfartaram-se com/de sardinhas assadas.

enfastiar-se com/de — o m.q. aborrecer-se com/de.

enfeitar(-se) com — adornar(-se) com, ornamentar(-se) com.
Ex.: Enfeitaram a árvore de Natal com bolas coloridas. Nos anos sessenta, os hippies enfeitavam-se com flores no cabelo.

enfermar de — ter defeito ou mácula.
Ex.: As suas ideias enfermam de falta de coerência.

enfiar(-se) em — introduzir(-se) em, meter(-se) em.
Ex.: Desconsolada, a Ana enfiou-se em casa e nunca mais saiu (fig.). Enfiei a linha na agulha.

enfrascar-se com/de (*pop.*) — embebedar-se, embriagar-se com.
Ex.: Enfrascaram-se com/de vinho tinto.

enfurecer-se com — ficar furioso com, enraivecer-se com.
Ex.: O condutor do táxi enfureceu-se com o cliente e recusou-se a conduzi-lo.

engalfinhar-se em — brigar corpo a corpo com.
Ex.: *Durante uma discussão violenta, duas mulheres engalfinharam-se uma na noutra.*

enganar com — [1] iludir, [2] trair com.
Ex.: [1] *Enganava a solidão com drogas que tomava (fig.).* [2] *O Pedro enganava a mulher com outras raparigas.*

enganar-se em — [1] cometer erro, cometer falta, [2] equivocar-se em.
Ex.: [1] *Ao dar o troco, a empregada enganou-se em cinco euros.* [2] *Enganei-me no número da porta.*

enganchar-se em — o m.q. enlaçar-se em.

engasgar-se com — ficar com a garganta entupida.
Ex.: *Cuidado! Pode engasgar-se com as espinhas do peixe!*

engraçar com — simpatizar com, gostar de.
Ex.: *A Ana não engraça com o professor de Filosofia.*

engrandecer(-se) por — elevar-se em dignidade.
Ex.: *Mário Soares engrandeceu-se pela luta contra a ditadura.*

enlaçar-se em — prender-se em.
Ex.: *O fio enlaçou-se no gancho.*

enlevar-se com — ficar encantado com.
Ex.: *Enlevei-me com a beleza de Sintra.*

enquadrar-se em — o m.q. inserir-se em.

enraivecer-se com — o m.q. enfurecer-se com.

enraizar-se em — criar raízes em, criar laços de afeto.
Ex.: *A hera enraizou-se no muro da quinta. A criança enraizou-se facilmente naquela família de acolhimento.*

enredar-se em — envolver-se em.
Ex.: *Deixou-se enredar em confusões políticas que envolviam altos riscos.*

enrolar(-se) em — dobrar fazendo rolo.
Ex.: *O fio enrolou-se na cana de pesca.*

enroscar-se em — dobrar-se em arco, enrolar-se em.
Ex.: *O meu gato gosta de enroscar-se no meu colo.*

ensinar *alg.* **a** — transmitir conhecimentos a alg. sobre.
Ex.: *Ensinei a Marta a tocar guitarra.*

ensinar *alg. c.* **a** *alg.* — transmitir conhecimentos sobre.
Ex.: *Ensinei as regras do jogo de xadrez ao João.*

ensoberbar-se com — tornar-se orgulhoso, arrogante com.
Ex.: *Ensoberbou-se com o poder que alcançou.*

ensopar *alg. c.* **em** — o m.q. embeber em.

entediar-se com/de/por — aborrecer-se com/de/por, maçar-se com/de/por.
Ex.: *Ela entediava-se com a/da/pela vida monótona que levava.*

entender de — saber acerca de, perceber de.
Ex.: Ele não entende nada de Matemática.

entender por — definir, ter ideia sobre.
Ex.: O que é que você entende por Filosofia?

entender-se com — estar de acordo com, relacionar-se com.
Ex.: O José entende-se bem com os pais.
Esforço-me por me entender bem com os meus alunos.

enterrar em — meter debaixo da terra.
Ex.: Os meus cães enterraram os ossos no jardim perto de casa.

entornar em — derramar em.
Ex.: Entornei o vinho no chão.

entrar com alg. (cal.) — gozar com, divertir-se com.
Ex.: Ganhaste um carro? Não acredito, estás a entrar comigo!

entrar em — [1] ingressar em, [2] iniciar, [3] desempenhar papel em.
Ex.: [1] O meu filho Pedro entrou este ano na universidade. [2] Vou entrar em férias a 2 de agosto. [3] A Teresa entrou no último filme de Manoel de Oliveira.

entrecortar com — interromper com.
Ex.: O diretor entrecortou o discurso com alguns comentários humorísticos.

entregar alg. c. **a** alg. — pôr alg. c. nas mãos ou na posse de alg.
Ex.: O carteiro entregou a carta ao Gil.

entregar-se a — dedicar-se a.
Ex.: Entreguei-me ao trabalho com toda a energia.

entreter-se a/com — distrair-se a/com, ocupar-se por distração.
Ex.: Ela entretém-se a pintar; entretém-se com as combinações das cores.

entristecer-se com — o m.q. desgostar-se com.

entroncar em — reunir-se em (uma via a outra), ligar-se em.
Ex.: Várias avenidas entroncam na Praça Marquês de Pombal.

entropeçar em — o m.q. tropeçar em.

entusiasmar-se com — criar entusiasmo com, criar gosto por.
Ex.: Começou a entusiasmar-se com a ideia de colecionar carros antigos.

envaidecer-se com — o m.q. orgulhar-se com/de.

envenenar-se com — o m.q. intoxicar-se com.

enveredar por — seguir por, optar por.
Ex.: Enveredámos por caminhos estreitos e desconhecidos.
A partir de certa altura, enveredou pela política (fig.).

envergonhar-se de — ter vergonha de.
Ex.: O José envergonha-se dos pais por eles serem pessoas modestas.

enviar alg. c. **a** alg. — dirigir, endereçar alg. c. a alg.

Ex.: *Ontem enviei flores à minha amiga japonesa.*

enviar por — o m.q. mandar por.

envolver *alg.* **ou** *alg. c.* **com/em** — ¹ rodear com, ² misturar com.
Ex.: ¹ *Envolveu-a ternamente com os braços.* ² *Envolva o preparado com/em farinha.*

envolver-se com *alg.* — criar relações íntimas, afetivas com alg.
Ex.: *Ela não quer envolver-se com mais nenhum homem porque tem medo de sofrer.*

envolver-se em — ¹ imiscuir-se em, ² comprometer-se em.
Ex.: ¹ *Desculpa por não te ajudar, mas não desejo envolver-me nos teus problemas pessoais.* ² *O detetive envolveu-se tanto naquela investigação!*

equipar-se de — munir-se de.
Ex.: *O diretor do departamento equipou-se do melhor material tecnológico.*

equiparar(-se) a — igualar-se a.
Ex.: *A Joana equipara-se a psicóloga, mas não tem qualquer diploma de Psicologia.*
A Ana foi para uma universidade estrangeira, equiparada a bolseira.

equivaler a — valer igualmente, ter igual valor a.
Ex.: *Dois litros de água equivalem a dois quilogramas do mesmo líquido.*

equivocar-se em — o m.q. enganar-se em.

erguer-se de — levantar-se de, pôr-se de pé.
Ex.: *Ergui-me da cadeira quando o meu pai entrou.*

erguer-se para — elevar-se para, levantar-se para.
Ex.: *Ergueu-se para o professor e respondeu-lhe prontamente.*

erguer-se sobre — elevar-se sobre.
Ex.: *Um castelo erguia-se sobre as rochas.*

esbarrar contra — embater contra.
Ex.: *Esbarrou contra o muro.*

escamar-se com — zangar-se com (fig.).
Ex.: *A Ana escamou-se com a irmã.*

escandalizar-se com — indignar-se com, melindrar-se com.
Ex.: *A tia Teresa escandalizou-se com a linguagem do sobrinho.*

escapar a — livrar-se de, fugir.
Ex.: *Escaparam à perseguição da polícia.*

escapar/-se de — fugir de, livrar-se de.
Ex.: *O condutor escapou/-se da polícia por um triz.*

escapulir de — escapar, fugir de.
Ex.: *O periquito escapuliu da gaiola.*

escarnecer de — troçar de, rir-se de.
Ex.: *As mulheres da aldeia juntaram-se para escarnecer dos maridos.*

esclarecer *alg.* **sobre** — o m.q. elucidar alg. sobre.

esconder *alg. c.* **de** *alg.* — ocultar alg. c. a/de alg.
Ex.: *Esconderam a situação da empresa, dos trabalhadores.*

esconder(-se) em — colocar(-se) em lugar onde não possa descobrir-se.
Ex.: Eles esconderam-se numa casa abandonada. Esconderam o dinheiro numa caixa.

escorregar por — o m.q. deslizar por.

escorrer por — deslizar por, correr por (líquido).
Ex.: O vinho escorria pela nossa garganta.

escudar-se em — apoiar-se em, proteger-se com.
Ex.: Eles escudam-se na mãe para resolverem os seus problemas. Alguns advogados escudam-se na ambiguidade de certas leis para defenderem os seus constituintes.

escusar de — não necessitar de.
Ex.: Você escusa de escrever novamente o seu nome.

escusar-se a — evitar, recusar, negar-se a.
*Ex.: A Ana escusou-se às perguntas da mãe.
Todos se escusaram a revelar o nome do colega que copiou.*

esforçar-se por — fazer esforço por, encher-se de coragem para, empregar toda a energia para conseguir alg. c.
Ex.: Os estudantes estrangeiros esforçam-se por falar português.

esgotar-se em — extenuar-se, cansar-se até à exaustão.
Ex.: Esgotei-me em explicações, mas ela não me compreendeu.

esgueirar-se de — afastar-se de, ir embora sorrateiramente de.

*Ex.: O meu cão esgueirou-se de casa ontem à noite.
Esgueirei-me da reunião sem ninguém ver.*

esmerar-se a (+ *infin*.) — aperfeiçoar-se na realização de uma ação.
Ex.: A Luísa esmerou-se a arranjar o cabelo.

esmerar-se em — o m.q. caprichar em, apurar-se em.

espalhar alg. c. **por** — colocar em lugares diferentes, distribuir por.
Ex.: Espalhámos flores por toda a casa.

espalhar(-se) em — [1] cair em, [2] divulgar-se em, [3] ter insucesso numa tarefa, [4] cobrir com.
Ex.: [1] *As flores espalharam-se no chão.* [2] *A notícia espalhou-se em todos os jornais.* [3] *O Pedro espalhou-se no exame (cal.).* [4] *Espalhei creme no corpo.*

espalhar-se por — dispersar-se por.
Ex.: Espalhámo-nos por várias salas.

espantar-se com — admirar-se com, surpreender-se com.
Ex.: Espantámo-nos com a nomeação do nosso colega para o cargo de diretor.

especializar-se em — dedicar-se a uma especialidade.
Ex.: Aquele médico especializou-se em Neurologia.

especular sobre — explorar, tecer comentário a.
Ex.: Os jornalistas especularam sobre os resultados das últimas eleições.

esperar alg. c. **de** alg. — contar com.

Ex.: Esperavas de mim uma reação diferente?

esperar por — aguardar.
Ex.: A Joana esperou pelo João à porta do cinema.

espetar *alg. c.* **em** — cravar em, enterrar em.
Ex.: Ela espetou o pau no chão.

espojar-se em — rolar-se em.
Ex.: O cachorro espojou-se na lama.

espoliar *alg.* **de** — desapossar alg. de.
Ex.: Espoliaram-no de todos os haveres.

espraiar-se em — alongar-se, estender-se em.
Ex.: O conferencista espraiou-se em explicações desnecessárias.

espreitar por — espiar por, observar por.
Ex.: Carlos, não espreites pelo buraco da fechadura!

esquecer-se de — olvidar-se, não se lembrar de.
Ex.: A Joana esqueceu-se de telefonar ao João.

esquivar-se a — evitar, fugir de.
Ex.: A Teresa esquivou-se a falar durante a reunião.

estafar-se a (+ *infin.*) — cansar-se demasiado a, fatigar-se a.
Ex.: Estafei-me a pôr os documentos em ordem.

estafar-se com — cansar-se demasiado com, fatigar-se com.
Ex.: A dona de casa estafa-se com o trabalho doméstico.

estagiar em — praticar uma atividade profissional durante algum tempo, em início de carreira.
Ex.: Acabado o curso, estagiou numa grande empresa multinacional.

estampar em — gravar em.
Ex.: Estampou o desenho no tecido.

estampar-se contra (*cal.*) — chocar contra.
Ex.: O motorista estampou-se contra um muro.

estar a (+ *infin.*) — refere a realização da ação no momento (aspeto durativo da ação).
Ex.: Estamos a preparar um trabalho sobre verbos.

estar com — o m.q. ter; ter como companhia.
*Ex.: Estou com fome.
Hoje vou estar com os meus colegas de curso.*

estar em — [1] encontrar-se em, [2] sentir.
Ex.: [1] *No verão, estamos no Algarve, mas raramente estamos em casa.* [2] *Estava num grande conflito interno, sem saber o que decidir.*

estar para — refere ação prestes a realizar-se, iminência de um acontecimento.
Ex.: O avião está para chegar dentro de momentos.

estar perante — enfrentar.
Ex.: O presidente está perante uma situação difícil.

estar por — [1] apoiar, ser favorável a, [2] refere ação que devia ser realizada mas ainda não foi.
Ex.: [1] *Eu estou pela equipa de futebol de Portugal.* [2] *As camas estavam por fazer, a roupa estava por passar.*

estar sem — refere ausência ou privação de algo.
Ex.: Estou sem dinheiro.

estender-se a — o m.q. alargar-se a.

estender-se por — o m.q. expandir-se por, prolongar-se por.

estimular *alg.* **a** — incitar a, entusiasmar a.
Ex.: Estimulei-a a fazer aquela viagem.

estrear-se em — praticar um ato pela primeira vez.
Ex.: Ela estreou-se no cinema aos 4 anos de idade.

estremecer com/de — assustar-se com/de, tremer com/de.
Ex.: Eles estremeceram com/de medo ao sentirem a trovoada.

estribar-se em — basear-se em, apoiar-se em.
Ex.: A Ana estriba-se nas teorias filosóficas para tentar compreender certas questões metafísicas.

esvair-se em — esgotar-se em.
Ex.: O pobre homem atropelado esvaía-se em sangue.

esvoaçar por — voar rasteiro por.
Ex.: Os pássaros esvoaçavam pelo bosque.

evadir-se de — fugir de, escapar-se de.
Ex.: Três criminosos evadiram-se da cadeia de Tires.

evidenciar-se em — notabilizar-se em.
Ex.: David Mourão-Ferreira evidenciou-se em prosa e em poesia.

evidenciar-se por — notabilizar-se por.
Ex.: Os portugueses evidenciaram-se pela sua coragem de grandes navegadores.

exacerbar de — tornar mais intenso.
Ex.: Ela exacerbou de alegria com a chegada do Fernando.

exaltar-se com — o m.q. irritar-se com.

exasperar-se com — o m.q. irritar-se com.

exceder-se em — esmerar-se em, empregar todos os esforços em.
Ex.: A Olga excede-se em amabilidades com as amigas.

excluir *alg.* **ou** *alg. c.* **de** — não incluir em, não admitir em.
Ex.: Excluíram alguns verbos da lista. Excluíram a atleta das provas finais.
A professora excluiu mais de metade dos alunos da prova oral.

exemplificar com — dar exemplos com.
Ex.: Tentámos exemplificar com frases curtas e claras.

exercitar/-se para — o m.q. treinar/-se para.

exibir-se em — mostrar-se em, atuar em.
Ex.: Uma notável companhia israelita vai exibir-se em dança moderna. A pianista exibe-se na Fundação Calouste Gulbenkian.

exibir-se perante — atuar frente a.
Ex.: A pianista Maria João Pires exibiu-se perante um imenso público.

exigir *alg. c.* **de** — fazer exigências a, reclamar de.
Ex.: Aquela professora exige muito esforço dos alunos.

exilar-se em — retirar-se do seu país, voluntariamente.
Ex.: Antes de 1974, muitos jovens portugueses exilaram-se em países estrangeiros.

eximir-se a — esquivar-se a, livrar-se de.
Ex.: O professor não se exime a ser avaliado.

eximir-se de — desobrigar-se de.
Ex.: O Estado não pode eximir-se dos seus deveres para com os cidadãos.

exonerar *alg.* **de** — demitir de.
Ex.: O primeiro-ministro exonerou-o do cargo de ministro das Finanças.

exortar *alg.* **a** — incitar a, persuadir a.
Ex.: O presidente exortou os cidadãos a produzirem mais e melhor.

expandir-se por — estender-se por, alargar-se por, difundir-se por.
Ex.: A influência dos computadores tem-se expandido por todo o mundo.

explicar-se a/com *alg.* — clarificar, esclarecer factos.
Ex.: O meu amigo vai ter de explicar-se à/com a Manuela a propósito das afirmações que fez.

explicar-se por — esclarecer através de.
Ex.: A Helena teve de explicar-se por gestos porque estava afónica.

expor-se a — [1] pôr-se sob, [2] submeter-se a, [3] mostrar-se a.
Ex.: [1] Ela expôs-se ao Sol toda a tarde. [2] Eu não quero expor-me aos comentários das minhas colegas (fig.). [3] Há figuras públicas que se expõem demasiado à comunicação social (fig.).

exportar *alg. c.* **para** — mandar produtos nacionais para outro país.
Ex.: Portugal exporta vinho do Porto para todo o mundo.

exprimir-se perante — explicar-se, dizer claramente alg. c. a alg.
Ex.: Exprimiu-se perante o professor, com frases curtas e simples.

expropiar *alg.* **de** — o m.q. desapropriar de.
Ex.: O governo expropriou-o de algum terreno para construir uma nova estrada.

expulsar *alg.* **de** — mandar embora de, fazer sair de.
Ex.: O governo expulsou aquele espião do país.

expurgar com — limpar, purificar com.
Ex.: Expurgou o quarto do doente com spray bactericida.

extasiar-se a (+ *infin.*) — maravilhar-se a, encantar-se a.
Ex.: Ele extasiou-se a contemplar aquele quadro de Vieira da Silva.

extasiar-se com — maravilhar-se com, encantar-se com.
Ex.: Extasiou-se com a voz de Amália Rodrigues.

extorquir *alg. c.* **a** *alg.* — obter ou tirar alg. c. a alg. pela violência.

Ex.: Entraram na casa e extorquiram-lhe todas as joias que possuía.

extrair de — o m.q. sacar de, tirar de.

exuberar de — haver em excesso, abundar.
Ex.: O professor exuberava de alegria com os resultados dos seus alunos.

exultar com — rejubilar, sentir satisfação com.
Ex.: Os pais exultavam com o noivado do filho.

F

falar a — ¹ comunicar a/com, dialogar com, ² cumprimentar (linguagem oral).
Ex.: ¹ Falei ao meu irmão na possibilidade de vendermos a casa. ² Sara, fale à tia!

falar com — conversar com, dialogar com.
Ex.: Falei com ele sobre os meus planos para o futuro.

falar de *alg.* — tecer críticas a, geralmente negativas.
Ex.: Ontem à noite, elas falaram muito da Antónia.

falar de/sobre *alg. c.* — exprimir ideias ou opiniões sobre alg. c., referir-se a alg. ou alg. c.
Ex.: Na reunião de ontem, falou-se muito de/sobre política internacional.
Têm falado muito de/sobre David Mourão-Ferreira.
De que é que fala o texto?

falar em — referir, mencionar.
Ex.: Não quero falar em coisas desagradáveis.

falar para — ¹ telefonar para (linguagem oral), ² dirigir a palavra a alg.
Ex.: ¹ Fala para minha casa esta noite. ² Estou aqui a "falar para o boneco (expr. idiomática)", é melhor calar-me.

falar perante — usar da palavra em frente de uma audiência.
Ex.: O professor falou perante muitos dos seus antigos alunos.

falar por — tomar a palavra em vez ou em representação de alg.
Ex.: O estudante mais velho falou pelos colegas da turma.

faltar a — não assistir a.
Ex.: Aqueles estudantes faltaram às aulas.

familiarizar-se com — acostumar-se a, relacionar-se com.
Ex.: Familiarizou-se rapidamente com o seu novo local de residência.

fartar-se de — cansar-se de.
Ex.: Fartei-me de esperar pelo meu amigo.
Fartou-se do mau humor do marido.

fascinar-se com — encantar-se com, deleitar-se com.
Ex.: Fascinei-me com o último livro de poemas de Eugénio de Andrade.

fatigar-se com — o m.q. cansar-se com.

fatigar-se de — cansar-se de.
Ex.: *Fatigou-se de esperar pelo aumento de ordenado e resolveu mudar de emprego.*

fazer com (que) — [1] forçar, [2] ter como consequência.
Ex.: [1] *Fizeram com que o ministro aceitasse as reivindicações.* [2] *A avaria na EPAL fez com que alguns lisboetas ficassem sem água durante muitos dias.*

fazer de — [1] atuar como, representar, [2] converter, transformar.
Ex.: [1] *Na festa da escola, o Pedro fazia de palhaço.* [2] *Os E.U.A. disseram que queriam fazer do Iraque uma pátria livre.*

fazer-se de — comportar-se como, fingir.
Ex.: *Ele faz-se de parvo, mas é muito esperto.*

fazer *alg. c.* **por** *alg.* — [1] realizar alg. c. em vez de alg. ou [2] em favor de alg.
Ex.: [1] *A Patrícia fez o trabalho pelo colega.* [2] *O que posso fazer por si para o ajudar?*

fazer por (+ *infin.*) — esforçar-se por.
Ex.: *Ele faz por gostar de bacalhau, mas não consegue.*

fechar *alg. c.* **em** — o m.q. encerrar em.

fechar-se em — encerrar-se em, isolar-se em.
Ex.: *Com o desgosto, fechou-se em casa e nunca mais apareceu aos amigos.*

felicitar *alg.* **por** — dar parabéns a.
Ex.: *Felicito-a pela sua brilhante prova.*

ferir *alg.* **com** — causar ferimento com, magoar com.
Ex.: *Inadvertidamente, feri-o com a ponta da faca.*

fiar-se em *alg.* **ou** *alg. c.* — confiar em.
Ex.: *Não devemos fiar-nos em todas as pessoas que nos parecem simpáticas.*

ficar a — permanecer a, demorar-se a, distar de.
Ex.: *Não fiquei a assistir ao espetáculo até ao final.*
Lisboa fica a cerca de 300 quilómetros do Porto.

ficar com — [1] adquirir, [2] guardar, [3] reter, [4] continuar a sentir.
Ex.: [1] *Fico com a blusa verde, tu podes ficar com a azul.* [2] *Fica com as revistas, pois já as li.* [3] *Ele ficou com os discos que lhe emprestei.* [4] *Fico sempre com medo quando ouço barulhos estranhos.*

ficar de (+ *infin.*) — comprometer-se a.
Ex.: *Ele ficou de passar por minha casa às nove horas.*

ficar em — [1] permanecer em, [2] estar situado em.
Ex.: [1] *A atleta Rosa Mota ficou em primeiro lugar. Esta tarde fico em casa a estudar.*
[2] *O Hospital de Santa Maria fica em Lisboa.*

ficar para — [1] ser destinado, [2] ser adiado.
Ex.: [1] *O colar de pérolas fica para ti.* [2] *A nossa conversa fica para amanhã.*

ficar por — [1] apoiar, [2] substituir, [3] custar, [4] (+ *infin.*) ação não realizada, [5] acabar, parar.

Ex.: ¹ *Nas discussões ela fica sempre pelas mulheres.* ² *Não pude assistir à reunião, mas o meu colega ficou por mim.* ³ *O fato ficou por cem euros.* ⁴ *As camas ficaram por fazer porque ela teve de sair à pressa.* ⁵ *Hoje ficamos por aqui; continuamos na próxima lição.*

ficar sem — ser privado de, perder.
Ex.: *Ficámos sem água toda a tarde. Jogou tudo o que tinha e ficou sem dinheiro.*

ficar-se por — limitar-se a.
Ex.: *Na reunião com os seus apoiantes, o presidente ficou-se por um discurso breve.*

figurar em — ser mencionado, ser referido.
Ex.: *Vieira da Silva figura na lista dos maiores expoentes da pintura contemporânea.*

figurar entre — sobressair, notabilizar-se entre.
Ex.: *António Lobo Antunes figura entre os melhores escritores portugueses contemporâneos.*

filiar-se em — inscrever-se como membro em associação ou partido.
Ex.: *Depois do 25 de abril de 1974, muitas pessoas se filiaram em partidos políticos.*

financiar em — dar apoio financeiro a.
Ex.: *O Estado português financia em 80% a fundação de comunidades terapêuticas para toxicodependentes.*

findar em — acabar em.
Ex.: *Os problemas só findaram em finais do ano, mas só na sua cabeça.*

fingir(-se) de — simular, querer passar por aquilo que não é.
Ex.: *A Rita fingia-se de doente quando queria chamar as atenções sobre ela. Ela finge de ingénua para cativar a simpatia dos amigos.*

fixar(-se) em — ter uma afeição excessiva e obsessiva por alg. ou alg. c.
Ex.: *A jovem fixou-se no professor de História e só pensava nele.*

florescer em — dar flores, florir.
Ex.: *A árvore só floresce em clima húmido.*

florir em — ¹ dar flor; ² manifestar-se (fig.) ou surgir com encanto.
Ex.: ¹ *A planta floriu no verão.* ² *Um lindo sorriso floriu nos seus lábios.*

forçar a — obrigar pela força a.
Ex.: *Forçaram-no a dizer a verdade.*

formar-se em — graduar-se em, obter licenciatura em.
Ex.: *A Manuela formou-se em Filologia Germânica.*

fornecer-se de — o m.q. abastecer-se de.

forrar *alg. c.* **com/de** — revestir ou cobrir o interior de uma peça com tecido ou outro material.
Ex.: *A modista forrou as calças de lã com seda acetinada. A mãe forrou as gavetas com/de papel autocolante.*

fragmentar em — subdividir em, reduzir a fragmentos.

Ex.: O professor fragmentou a rocha em várias partes.

fruir de — gozar, desfrutar de.
Ex.: Fruíam de grande prestígio entre as pessoas da aldeia.

fugir a — evitar, escapar a.
Ex.: Tentou fugir à resposta e mudou de assunto rapidamente (fig.). Fugiram à perseguição da polícia.

fugir de — escapar/-se de.
Ex.: O pássaro fugiu da gaiola.

fugir para — afastar-se para, ausentar-se para.
Ex.: Nos anos 60 muitos jovens portugueses fugiram para o estrangeiro para não combaterem na Guerra Colonial.

fugir por — escapar-se por.
Ex.: Os ladrões fugiram pela porta das traseiras.

fundamentar-se em — o m.q. basear-se em.

fundear em — ancorar em.
Ex.: O navio fundeou no Cais de Alcântara.

fundir-se com — unir-se a/com, associar-se a/com.
Ex.: Algumas empresas nacionais fundiram-se com empresas estrangeiras.

fundir-se em — unir-se em.
Ex.: Os dois géneros musicais fundiram-se num só.

furar com — o m.q. perfurar com.
Ex.: Ela furou a orelha com uma agulha.

furtar-se a — escapar/-se a, evitar, esquivar-se a.
Ex.: Ela furtou-se às minhas perguntas porque não queria falar sobre o assunto.

fustigar com — [1] açoitar; [2] criticar (fig.).
Ex.: [1] O homem fustigava o burro com um pau grosso. [2] Marido e mulher fustigavam-se com acusações mútuas.

G

gabar *alg.* **por** — o m.q. elogiar alg. por.

gabar-se a *alg.* — fazer autoelogio.
Ex.: O José passa a vida a gabar-se aos amigos.

gabar-se de — enaltecer-se por, fazer o próprio elogio de, vangloriar-se de.
Ex.: Não gosto de pessoas que se gabam de tudo o que fazem.

gemer com/de — dar gemidos com/de, soltar lamentos com/de.
Ex.: Passou toda a noite a gemer com/de dores.

generalizar-se a — o m.q. propagar-se a.

germinar em — desenvolver-se em.
Ex.: As sementes germinavam facilmente na terra húmida. Uma ideia macabra germinou no espírito do diretor.

girar em/por — o m.q. rodar em/por.

girar sobre — andar à roda de.
Ex.: *A Terra gira sobre si mesma.*

gloriar-se de — o m.q. vangloriar-se de.
Ex.: *Posso gloriar-me do sacrifício que faço para viver com ele, porque não é fácil.*

gostar de — ¹sentir afeto por, ²sentir gosto ou prazer de, apreciar.
Ex.: *¹Gosto muito de animais. ²Gostei tanto de te conhecer! Gosto de cozinhar.*

gozar com alg. — gracejar de alg., zombar de alg., troçar de alg.
Ex.: *Por vezes, os alunos gozam com os professores.*

gozar de — desfrutar de, usufruir de.
Ex.: *O nosso avô já tem noventa anos e goza de perfeita saúde. A pianista Maria João Pires goza de grande fama internacional.*

gracejar com/de — dizer gracejos a, fazer humor com.
Ex.: *Ele adora gracejar com/de toda a gente.*

graduar-se em — o m.q. formar-se em, licenciar-se em.

grassar em/por — alastrar, propagar-se, desenvolver-se (doença) em/por.
Ex.: *As epidemias grassaram em/por toda a região.*

gratificar com — recompensar com.
Ex.: *Gratifiquei o empregado com dois euros.*

gratificar por — recompensar por.
Ex.: *Gratifiquei-o pelo bom atendimento.*

gritar com — o m.q. ralhar com.

gritar por — chamar em voz alta.
Ex.: *Gritei por socorro, mas ninguém me ouviu.*

guarnecer com/de — ornamentar com/de, fortalecer com/de.
Ex.: *Pode guarnecer o bolo com/de passas e nozes.*
As cidades medievais eram guarnecidas com/de muralhas, para proteção.

guinar para — mudar de direção, virar para.
Ex.: *O carro guinou para a esquerda, sem sinal de aviso.*

guindar-se a — elevar-se a.
Ex.: *Ela gostava que o filho pudesse guindar-se a um melhor nível de vida.*

H

habilitar-se a — participar em jogo ou concurso.
Ex.: *Ela habilitou-se ao sorteio de um automóvel da revista "TV Guia".*

habilitar-se para — o m.q. preparar-se para.

habitar com — morar com, residir com.
Ex.: *Habitavam com estudantes de várias nacionalidades numa residência para estudantes.*

habitar em — o m.q. residir em.

habituar *alg.* **a** — acostumar alg. a.
Ex.: A Marta habituou o filho a tomar banho todos os dias.

habituar-se a — acostumar-se a, adaptar-se a.
*Ex.: Ele habituou-se a fazer ginástica todas as manhãs.
Ela não consegue habituar-se à vida numa grande cidade.*

harmonizar/-se com — estar em harmonia com, coadunar-se com.
Ex.: A cor do sofá harmoniza/-se com a cor das cortinas.

haver de (+ *infin*.) — indica futuro incerto, intencional.
Ex.: Hei de aprender japonês.

haver-se com — proceder com, arranjar-se com, entender-se com.
*Ex.: Ele não sabe como haver-se com o problema.
Se não cumprir, vai ter de se haver com o chefe.*

herdar de — receber de alg. como herança.
Ex.: A pobre coitada pouco herdou dos pais.

hesitar em — estar indeciso em.
Ex.: Primeiro hesitei em ir com eles ao teatro, mas depois fui.

hesitar entre — estar indeciso numa opção.
Ex.: Ele hesitou entre ir para o Porto ou para Coimbra.

hesitar perante — o m.q. vacilar perante.

honrar *alg.* **com** — tratar alguém com atenções, distinguir com especial deferência.
Ex.: Honraste-me muito com a tua presença na minha festa de anos.

horrorizar-se com — aterrorizar-se com, amedrontar-se com, apavorar-se com.
Ex.: Ele horrorizou-se com aquele acidente que viu.

hospedar-se em — estabelecer-se como hóspede em, alojar-se em.
Ex.: Aquela atriz hospedou-se no Hotel Ritz.

humedecer *alg. c.* **com** — tornar húmido com, molhar com.
Ex.: Humedeça o algodão com água tépida.

humilhar-se a *alg*. — mostrar-se humilde, rebaixar-se a alg., confessar-se vencido.
Ex.: Não gosto de me humilhar a ninguém porque sou orgulhosa.

I

identificar-se com — sentir semelhança ou identidade com.
Ex.: Eu identifico-me muito com a personagem principal do livro que estou a ler.

igualar-se a — assemelhar-se a, comparar-se a/com.
Ex.: Ele não se iguala a nenhum dos irmãos.

ilibar *alg.* **de** — considerar não culpado de, reabilitar de.
Ex.: A psicóloga ilibou o jovem do complexo de culpa.

iludir *alg.* **com** — enganar alg. com.
Ex.: Ele iludiu a Isabel com falsas promessas.

iluminar com — fornecer luz.
Ex.: Iluminaram o jardim com focos de várias cores.

ilustrar com — adornar com ilustrações ou desenhos, esclarecer com exemplos.
Ex.: Vou ilustrar o texto com algumas imagens de Portugal.

ilustrar-se com — adquirir conhecimentos, instruir-se.
Ex.: Ilustrou-se com boas leituras, ao longo dos anos.

imergir em — o m.q. mergulhar em.

imiscuir-se em — intrometer-se em, meter-se onde não é chamado.
Ex.: Dizia que não se imiscuía na minha privacidade, mas queria saber tudo sobre a minha vida.

impacientar-se com — perder a paciência com.
Ex.: A Vanda impacienta-se muitas vezes com a filha quando ela chega muito tarde a casa.

impedir *alg.* **de** — pôr impedimentos a, impossibilitar alg. de, opor-se a, não permitir.
Ex.: Ele impediu o amigo de conduzir naquele estado de embriaguez.

impelir *alg.* **a** — incitar a, estimular a.
Ex.: Eles impeliram-no a usar a força.

impender sobre — recair sobre alg., cumprir a alg.
Ex.: Impende sobre o primeiro-ministro a responsabilidade de conduzir uma política favorável ao país.

impingir *alg. c.* **a** *alg.* — Vender por preço mais elevado que o razoável, lograr.
Ex.: Impingiram ao António um carro velho com aspeto de novo.

implicar com — [1] provocar discussão com, embirrar com, [2] chocar com.
Ex.: [1] Estás sempre a implicar com a tua irmã, não há meio de se entenderem. [2] A cor das cortinas implicava com a cor da parede.

implorar a *alg.* — pedir humildemente, suplicar a alg.
Ex.: O Pedro implorou à amiga que o desculpasse.

impor-se a — [1] fazer-se respeitar por, [2] merecer admiração de.
Ex.: [1] Aquela professora é muito boa e impõe-se muito aos alunos. [2] Aquele monumento impunha-se a todos nós pela sua beleza.

importar de — fazer importação, receber de outro país.
Ex.: Portugal importa petróleo de Angola.

importar em — atingir demasiado valor, custo.
Ex.: Em quanto importou o arranjo do teu carro?

importar-se com — [1] dar importância a, ligar a, [2] incomodar-se com.
Ex.: [1] Ele não se importa comigo, nem me telefona. [2] Importo-me pouco com o que dizem de mim.

importar-se de (+ *infin.*) — ter problema em, causar incómodo.
Ex.: Não me importo de ir levar-te à praia. Importas-te de me dares um copo de água?

importunar-se com — o m.q. maçar-se com, o m.q. chatear-se com (cal.).

impressionar-se com — emocionar-se com, chocar-se com.
Ex.: *Ela impressionou-se muito com a história de D. Pedro I e D. Inês de Castro.*

imunizar contra — tornar imune ou resistente a uma doença ou infeção.
Ex.: *Com esta vacina, vou imunizar a criança contra a cólera.*

incentivar alg. **a** — estimular alg. a, motivar alg. para, incitar a.
Ex.: *Os meus amigos incentivaram-me a aprender chinês.*

incidir em — o m.q. centralizar-se em.

incidir sobre — [1] cair sobre, abranger, [2] concentrar-se em.
Ex.: [1] *A luz incidia sobre o quadro.* [2] *As atenções incidiam sobre todos os presos envolvidos no motim (fig.).*

incitar alg. **a** — instigar a, estimular a.
Ex.: *Eles incitaram-me a participar na manifestação.*

inclinar-se a (+ *infin.*) — ter tendência para (fig.).
Ex.: *Inclino-me a concluir que tens razão no que dizes.*

inclinar-se para — [1] dobrar-se para, curvar-se para, [2] tender para.
Ex.: [1] *Ela inclinou-se para o chão para apanhar o papel.* [2] *Inclinei-me para a possibilidade de Mário Soares ser reeleito presidente e, de facto, foi.*

inclinar-se por — mostrar preferência por.
Ex.: *A Paulina inclinou-se pelo casaco castanho.*

inclinar-se sobre — o m.q. debruçar-se sobre.

incluir alg. **ou** alg. c. **em** — o m.q. admitir em, inserir em.
Ex.: *Incluíram-na numa turma de nível avançado.*
Incluímos mais verbos nesta edição.

incomodar-se com — afligir-se com, preocupar-se com.
Ex.: *Aquele pai incomoda-se muito com os insucessos do filho.*

incompatibilizar-se com — cortar relações com, zangar-se com.
Ex.: *O António incompatibilizou-se com o Rui há 3 meses.*

incorporar em — juntar num todo, acrescentar a, integrar em.
Ex.: *Incorporar a manteiga na massa do bolo e bater muito bem.*
Incorporaram-no no batalhão de cavalaria.

incorporar-se em — o m.q. alistar-se em.

incorrer em — cometer, ficar implicado em, cair em determinada situação.
Ex.: *Tu incorreste num erro muito grande quando acreditaste nessas mentiras.*

incriminar alg. **por** — acusar de/por, culpar de/por.
Ex.: *Incriminaram-no por aquele acidente, mas ele estava inocente.*

incumbir alg. **de** — o m.q. encarregar alg. de.

Ex.: *Ela incumbiu-me de tratar do cão dela.*

incutir em — influenciar, infundir no ânimo de outrem, inspirar.
Ex.: *Não incutas essas ideias na cabeça dos teus alunos.*

indagar sobre — investigar sobre, averiguar sobre.
Ex.: *O detetive anda a indagar sobre a vida do Dr. Caldeira.*

indemnizar alg. **de** — o m.q. compensar alg. de.

indemnizar alg. **por** — o m.q. pagar a alg., compensar alg. por.

indicar alg. **para** — o m.q. indigitar alg. para.

indigitar alg. **para** — propor para, designar para, indicar para.
Ex.: Ele quer indigitar-me para eu ir dirigir aquele hotel.

indignar-se com/contra — revoltar-se contra, sentir indignação contra.
Ex.: *Eles indignaram-se com/contra o abuso de poder das autoridades policiais.*

indispor-se com alg. — zangar-se com alg., irritar-se com.
Ex.: *De facto, indispus-me com a Ana porque não me convidou para a festa.*

induzir a — levar a.
Ex.: *O facto de o escritor ter dactilografado as cartas, induziu a família à ideia de que tencionava publicá-las.*

induzir em — levar alguém a, influenciar.

Ex.: *Não quero induzir-te em erro, mas penso que o rio Tejo está muito poluído.*

inebriar-se com — deliciar-se com, extasiar-se com.
Ex.: *Todas as pessoas se enebriavam com as histórias contadas por Vitorino Nemésio.*

inferir de — deduzir por meio de raciocínio, concluir.
Ex.: *Posso inferir das tuas palavras que és um verdadeiro democrata.*

infestar com/de — contaminar com, poluir com.
Ex.: *Não quero infestar o teu quarto com/de fumo de cigarro.*

infetar com — causar infeção com.
Ex.: *A ferida infetou com a exposição ao Sol.*

infiltrar-se em — penetrar em.
Ex.: *A água da chuva infiltrou-se na parede. Os espiões infiltraram-se no partido para obter informações (fig.).*

infletir para — curvar para, mudar de direção.
Ex.: *A jovem infletiu o queixo para baixo. A vara infletiu para sul.*

influir em — influenciar, ter influência em.
Ex.: *As tuas palavras não vão influir na minha decisão.*

informar(-se) de — avisar, dar ou obter informação sobre.
Ex.: *Informei-o da alteração do horário dos comboios. Informou-se do horário dos aviões.*

informar-se sobre — colher informações sobre, indagar sobre.

Ex.: *Eles informaram-se sobre os seus direitos.*

infundir em — o m.q. incutir em.

ingerir-se em — introduzir-se, imiscuir-se em.
Ex.: *Não deve um país ingerir-se na política interna doutro país.*

ingressar em — entrar em.
Ex.: *Ela ingressou na Faculdade de Letras há um ano.*

inibir *alg.* **de** — proibir alg. de.
Ex.: *O juiz inibiu o Duarte de conduzir, para sempre.*

inibir-se de — coibir-se de, reprimir-se de.
Ex.: *Nunca me inibo de dizer tudo o que penso. Ele inibe-se de dançar porque é tímido.*

iniciar com — começar com.
Ex.: *Estava aberta a sessão e o presidente iniciou com um breve discurso.*

iniciar(-se) em — introduzir ou ser introduzido numa aprendizagem.
Ex.: *Os pais iniciaram-no na música aos cinco anos. Iniciei-me na política aos dezassete anos.*

inquietar-se com — afligir-se com, preocupar-se com.
Ex.: *Ela inquieta-se sempre com os filhos quando saem à noite.*

inquirir sobre — colher informações sobre, investigar sobre.
Ex.: *Ele quis inquirir sobre a vida particular da irmã.*
A PJ vai inquirir sobre os incidentes na Ponte 25 de Abril.

inscrever(-se) em — escrever em, matricular(-se).
Ex.: *Inscreveram algumas palavras no monumento. Ela quer inscrever-se num curso de informática.*

inserir *alg.* **ou** *alg. c.* **em** — o m.q. incluir alg. ou alg. c. em.

inserir-se em — [1] fazer parte de, [2] enquadrar-se em.
Ex.: [1] *O José inseriu-se naquele grupo de trabalho.* [2] *As atividades inseriam-se no programa do governo.*

insinuar-se a *alg.* — grangear simpatia, meter-se no coração de alg.
Ex.: *Há pessoas que gostam de se insinuar aos seus superiores hierárquicos.*

insistir com *alg.* — teimar com alg., sustentar com obstinação.
Ex.: *Insisto com ela para ter cuidado com a saúde.*
Insiste com o teu irmão para ele acabar o curso.

insistir em — [1] teimar em, [2] manter-se firme em, persistir em.
Ex.: [1] *Não insistas em sair no domingo.* [2] *Ele insistiu nas mesmas perguntas durante a entrevista.*

inspirar-se em — receber inspiração de.
Ex.: *Inspirou-se naquela paisagem para pintar o quadro.*

instalar-se em — ir morar em, hospedar-se em, alojar-se em.
Ex.: *Quando cheguei a Lisboa, instalei-me num apartamento na Graça.*

instilar em — incutir em, inspirar em.

Ex.: *Desde cedo, a mãe começou a instilar nas princesas o sentimento do dever.*

insurgir-se contra — revoltar-se contra.
Ex.: *Nós insurgimo-nos contra as injustiças sociais.*

integrar-se em — fazer parte integrante de.
Ex.: *Há pessoas que não se integram bem na sociedade — são os marginais.*

inteirar-se de — certificar-se de, obter toda a informação sobre.
Ex.: *A Joana inteirou-se do estado de saúde do amigo.*

intentar contra — pôr em juízo, levar a tribunal.
Ex.: *Intentou uma ação contra o vizinho.*

interceder por — intervir a favor de, ser intermediário.
Ex.: *O Sérgio intercedeu pela irmã, durante a discussão com os pais.*

interessar-se por — tomar interesse por.
Ex.: *A Susana interessa-se por ópera e por teatro. O escritor interessa-se pelos povos latino-americanos.*

interferir em — intrometer-se em, imiscuir-se em, intervir em.
Ex.: *Ele interfere sempre nas minhas decisões.*

interrogar *alg.* **sobre** — perguntar sobre, inquirir sobre.
Ex.: *Os meus alunos estrangeiros interrogam-me muito sobre a economia portuguesa.*

interrogar-se sobre — questionar-se sobre.
Ex.: *Interrogo-me muitas vezes sobre o sentido da existência.*

intervalar com — alternar com, separar por intervalos.
Ex.: *Eu gosto de intervalar o trabalho com o lazer.*

intervir em — interferir em, participar em.
Ex.: *Ontem, jovens e adultos intervieram num debate sobre educação. Aconselharam-na a não intervir naquela questão de família.*

inticar com — o m.q. implicar com.

intimar *alg.* **a** — dar uma ordem (oficial), ordenar (que + conjuntivo).
Ex.: *O polícia intimou-me a acompanhá-lo à esquadra.*

intitular-se de — dar um título a si próprio.
Ex.: *Ele intitula-se de doutor mas não tem título nenhum.*

intoxicar-se com — envenenar-se com.
Ex.: *Ele intoxica-se com tantos medicamentos que toma.*

intrigar-se com — ficar com a curiosidade excitada.
Ex.: *Ele intrigou-se muito com aquele telefonema anónimo.*

introduzir *alg.* **ou** *alg. c.* **em** — [1] inserir, fazer admitir, [2] meter dentro.
Ex.: [1] *Ele introduziu-a na melhor sociedade lisboeta.* [2] *Para falarmos de uma cabina telefónica, temos que introduzir as moedas na ranhura.*

introduzir-se em — meter-se em, entrar em, imiscuir-se em.

Ex.: O ladrão introduziu-se na casa sem ser visto.

intrometer-se em — imiscuir-se em, meter-se de permeio em, interferir em.
Ex.: A Sara intromete-se muito na vida das amigas.

investigar sobre — pesquisar sobre, inquirir sobre.
Ex.: A polícia anda a investigar sobre o desaparecimento de um bebé.

investir em — empregar dinheiro ou esforço em.
Ex.: Ele investiu todas as economias em barras de ouro.
Ela investiu afetivamente naquela relação (fig.).

investir contra — ir contra, arremeter contra, avançar contra.
Ex.: Durante a tourada, o touro investiu 3 vezes contra o cavalo.

ir a — movimentar-se numa direção (pouca demora), dirigir-se a.
Ex.: Esta tarde vou ao cinema.
No Natal vou ao Porto.

ir a (+ *infin*.) — momento inicial de uma ação a realizar.
Ex.: Eu ia a sair quando o telefone tocou.

ir com — seguir, apoiar.
Ex.: Não vou com a cara dela, acho-a hipócrita.
Não vou com políticas de repressão.

ir (dar) a — desembocar em, terminar em.
Ex.: A Rua do Ouro vai dar ao Rossio.

ir de — movimentar-se, viajar em (meios de transporte).

Ex.: Vamos de comboio, ou será melhor irmos de carro?

ir em — movimentar-se em, viajar em (meio de transporte específico).
Ex.: Vamos no comboio das onze horas; vamos no rápido.

ir para — movimentar-se numa direção (longa demora, para ficar).
Ex.: Ele vai para o Brasil.
E se fôssemos para casa? Já é tarde!

ir por — executar trajeto por/via.
Ex.: Vou pela autoestrada de Cascais porque é mais rápido.

ir sobre — atacar.
Ex.: O empregado assaltado foi sobre o ladrão e conseguiu dominá-lo.

irritar-se com — zangar-se com, exasperar-se com.
Ex.: Ela irritou-se tanto com o Ricardo que até lhe bateu.

irromper por — entrar precipitadamente, surgir de repente.
Ex.: Os polícias irromperam por entre a multidão e começaram a bater nas pessoas.

isentar-se de — desobrigar-se de, dispensar-se de.
Ex.: Por ele ser deputado, não pode isentar-se de prestar declarações.

isolar-se de — ficar só, afastar-se de.
Ex.: Isolou-se dos amigos para refletir sobre a sua vida.

isolar(-se) em — manter(-se) fora de contacto, afastar(-se).
Ex.: Isolaram as pessoas contaminadas, num hospital especial.
O bailarino isolou-se numa ilha de Itália.

J

jazer em — estar deitado, estar estendido em.
*Ex.: A pobre jazia na cama, doente.
O acidentado jazia no caixão, irreconhecível.*

jogar a — fazer jogo de.
*Ex.: Não gosto de jogar a dinheiro.
Gosto de jogar à bola.*

jogar com — expor-se à sorte com, aventurar-se, dar-se ao jogo.
*Ex.: Eu gosto de jogar xadrez com o meu tio João.
Jogo com prudência.*

jorrar de — sair com ímpeto de.
Ex.: A água jorrava da fonte.

jubilar com — alegrar-se com.
Ex.: Ela jubila com o meu sucesso profissional.

jubilar de — encher-se de júbilo, de alegria.
Ex.: A Sofia jubilou de alegria porque lhe ofereceram um carro novo.

judiar com (*pop.*) — praticar diabruras, fazer maldades.
Ex.: Às vezes, as crianças gostam de judiar com os mais velhos.

juntar *alg. c.* **a** — o m.q. adicionar alg. c. a.

juntar em — o m.q. reunir em.

juntar-se a/com — associar-se a/com.
Ex.: A Maria juntou-se aos/com os amigos que estavam mais animados.

juntar-se com (*pop.*) — ir viver maritalmente com.
Ex.: A Rosa juntou-se com o Manuel porque os pais não autorizavam o casamento.

jurar por — declarar ou prometer solenemente.
Ex.: Ela jurou pela sua honra que ia dizer só a verdade.

L

laborar em — manter uma ideia falsa, errada (fig.).
Ex.: A professora acusou injustamente o aluno de copiar, laborando num erro grave.

ladear-se de — o m.q. rodear-se de, apoiar-se em.
Ex.: Aquele diretor ladeou-se de bons técnicos.

lamentar-se de — queixar-se de.
Ex.: Lamentava-se frequentemente de falta de saúde.

lançar-se a — ¹ atirar-se a, ² projetar-se em, dedicar-se a.
Ex.: ¹ Lançaram-se à água para salvar os náufragos. ² Lancei-me ao trabalho com toda a energia (fig.).

lançar-se sobre — atirar-se sobre, precipitar-se sobre.
Ex.: O cão lançou-se sobre o gatuno que fugia.

largar em — o m.q. despejar em, deitar em, deixar em.

lavrar em — alastrar, propagar-se em (fig.).
Ex.: A peste lavrava em todo o país.

lembrar-se de — recordar-se de.
Ex.: O meu avô ainda se lembra da 2.ª Guerra Mundial.

levantar-se contra (*fig.*) — revoltar-se contra.
Ex.: O povo levantou-se contra o rei.

levantar-se para — o m.q. erguer-se para.

levar a — conduzir a, convencer a.
*Ex.: Os factos levam a concluir que a filosofia marxista falhou na prática.
A Inês conseguiu levar o João a gostar de ópera.*

levar *alg.* **ou** *alg. c.* **a** — transportar de um lugar a outro que está distante.
Ex.: Vou levar a Ana à escola. Levei o meu cão à rua; levei-o a passear. O padeiro levava o pão a casa dos fregueses.

levar *alg. c.* **a** *alg.* — transportar consigo até alg.
Ex.: Vou levar o livro à Ana e volto já.

levar para — transportar para (afastamento).
Ex.: Quando partiu para o seu país, levou presentes para os amigos.

levar *alg.* **ou** *alg. c.* **para** — transportar de um lugar para outro que está distante.
Ex.: Levei o João para o emprego. Vou levar o dicionário para a faculdade. Vou levar a obra completa de Manuel Alegre para a casa de férias.

libertar *alg.* **de** — tornar livre de, aliviar de, desobrigar de.
*Ex.: O psiquiatra libertou-o daquela terrível obsessão.
Libertei-o do compromisso de trabalhar comigo.*

libertar-se de — ficar livre de.
Ex.: Finalmente conseguiu libertar-se daquele receio de falar com incorreções linguísticas.

licenciar-se em — adquirir o grau de licenciado em, formar-se em.
Ex.: Ele licenciou-se em Engenharia Eletrónica.

lidar com — conviver com, tratar de, gerir.
Ex.: A enfermeira Ana lida bem com os doentes. Não sei como hei de lidar com esta situação tão difícil.

ligar a — [1] dar atenção a, dar importância a, [2] unir a, [3] telefonar a (ling. oral).
Ex.: [1] Ela não liga a pormenores tão insignificantes. [2] Na bandeira portuguesa há uma parte vermelha ligada a uma parte verde. [3] Liga ao Pedro e ele conta-te o que aconteceu.

ligar com — entender-se com, ter afinidades com, harmonizar-se com.
*Ex.: Eu não ligo bem com a maneira de ser dele.
Azul liga muito bem com dourado.*

ligar para — telefonar para (ling. oral).
Ex.: Liga para minha casa esta noite!

ligar-se a — associar-se a, juntar-se a, criar relações íntimas.

Ex.: *O Pedro ligou-se a um grupo de ecologistas.*
O João ligou-se àquela rapariga, de um modo muito profundo.

limitar-se a — não passar além de, confinar-se a.
Ex.: *A testemunha limitou-se a relatar os factos ocorridos.*

litigar em — ter uma questão em tribunal.
Ex.: *Litigaram em juízo a herança da tia.*

livrar *alg.* **de** — libertar alg. de, tirar de situação difícil.
Ex.: *Eu livrei-o da prisão.*

livrar-se de — [1] libertar-se de, [2] escapar a.
Ex.: [1] *Finalmente livrei-me daquela mulher maçadora.* [2] *O governador não pôde livrar-se dos comentários dos jornalistas.*

louvar a — dirigir louvores a, honrar.
Ex.: *Louvo a Cristo por ter acolhido as minhas súplicas.*

louvar *alg.* **por** — elogiar por, dirigir louvor por.
Ex.: *Eu louvei-o pelo seu bom comportamento.*

lucrar com — ganhar com.
Ex.: *Não lucrámos com a venda das ações.*

lutar com — travar luta com, combater, enfrentar.
Ex.: *Primeiro zangaram-se e depois lutaram um com o outro.*
Ela luta com grandes dificuldades económicas (fig.).

lutar contra — [1] combater contra, [2] persistir na luta contra.
Ex.: [1] *Os soldados lutam contra os inimigos do seu país.* [2] *Lutam contra a falta de alimentos (fig.).*

lutar por — desenvolver esforço por, empenhar-se em.
Ex.: *Lutamos pela defesa dos direitos humanos.*

luzir em — surgir rapidamente (fig.).
Ex.: *Uma ideia inesperada luziu no seu espírito.*

M

maçar *alg.* **com** — enfadar alg. com, aborrecer alg. com.
Ex.: *A minha avó não me maçava com as suas conversas, ouvia-a sempre com interesse.*

maçar-se com — o m.q. aborrecer-se com, o m.q. chatear-se com (cal.).

magicar em — cismar em, pensar em.
Ex.: *Comecei a magicar nas palavras do diretor e fiquei preocupada.*

magoar *alg.* **com** — o m.q. ferir alg. com.

mamar em — o m.q. chuchar em.

mancar de — o m.q. coxear de.

manchar *alg. c.* **com/de** — pôr mancha ou nódoa de.
Ex.: *Manchei o vestido branco com/de tinta azul.*

mandar *alg. c.* **por** — enviar alg. c. por/via.

Ex.: *Mandei a carta por correio expresso.*
Mande-me a resposta por fax!

mangar com (*pop.*) — troçar de, rir de, escarnecer de.
Ex.: *Os rapazes mangavam com o velhote que ficava muito irritado.*

manifestar-se contra — rebelar-se contra, exprimir-se contra, mostrar desacordo.
Ex.: *Manifestaram-se contra as decisões dos professores.*

manifestar-se perante — exprimir ideias ou opinião perante.
Ex.: *Manifestaram-se perante o júri do exame.*

manifestar-se por — exprimir-se a favor de.
Ex.: *Manifestaram-se pela defesa da democracia.*

manquejar de — o m.q. mancar de, coxear de.

manter-se com — alimentar-se com, subsistir de.
Ex.: *O pobre mantinha-se com as esmolas que lhe davam.*

maravilhar-se com — o m.q. encantar-se com.

marchar para (*cal.*) — ir para.
Ex.: *O Manuel teve de marchar para África.*

marchar por — o m.q. desfilar por.

marrar em (*cal.*) — insistir em, aprender de cor.
Ex.: *Ele está sempre a marrar no mesmo assunto. O estudante tem de marrar muito na Anatomia para poder passar no exame.*

martirizar alg. **com** — torturar alg. com.
Ex.: *Martirizavam-na com exigências quase desumanas (fig.).*
A prisioneira foi martirizada com instrumentos de tortura.

mascarar-se de — disfarçar-se com máscara de.
Ex.: *Mascarou-se de palhaço para a festa do colégio.*

matricular(-se) em — inscrever(-se) em.
Ex.: *A Ana matriculou a filha na escola de dança. O estudante matriculou-se na Faculdade de Letras, no curso para estrangeiros.*

mediar entre — estar entre.
Ex.: *O aproveitamento do aluno mediava entre Bom e Suficiente.*

medir-se com — rivalizar com, comparar-se com.
Ex.: *Ninguém consegue medir-se com ele no jogo do xadrez (fig.).*

medir-se por — calcular-se, avaliar-se por.
Ex.: *A sua inteligência mede-se pelas investigações que fez.*

meditar em — refletir em/sobre, pensar em.
Ex.: *Podes meditar nas minhas palavras porque são sinceras.*

melindrar-se com — ofender-se com.
Ex.: *O Pedro melindra-se facilmente comigo porque lhe digo as verdades friamente.*

mergulhar em — [1] imergir em, [2] entrar em.

Ex.: [1] *O André mergulhou na piscina.* [2] *O doente mergulhou num sono profundo (fig.).*

meter alg. c. **em** — pôr dentro.
Ex.: *Meti as chaves no bolso e saí.*

meter-se a — dedicar-se a, pôr-se a, iniciar uma ação.
Ex.: *Meteu-se a aprender chinês e conseguiu. Meti-me ao caminho e cheguei a tempo.*

meter-se com (fig.) — [1] dirigir a palavra a, [2] provocar, desafiar.
Ex.: [1] *Os rapazes portugueses gostam de se meter com as estudantes estrangeiras.* [2] *Hoje não se metam comigo porque estou muito maldisposta.*

meter-se em — [1] associar-se a, dedicar-se a, [2] encerrar-se em, [3] interferir em.
Ex.: [1] *O Mário meteu-se na política e não pensa noutra coisa (fig.).* [2] *Meteu-se em casa e recusou-se a receber os amigos.* [3] *Não te metas no que não te diz respeito.*

meter-se por — encaminhar-se por.
Ex.: *Metemo-nos por um atalho e chegámos mais depressa.*

mexer com — [1] misturar, [2] perturbar, causar impressão.
Ex.: [1] *Mexer tudo com colher de pau!* [2] *As tuas atitudes mexem com os meus nervos (fig.).*

mexer em — tocar em, pôr a mão em.
Ex.: *Por favor, não mexa nos objetos expostos!*

migrar para — deslocar-se (animal) periodicamente de um lugar para outro.

Ex.: *No fim do verão as andorinhas migram para sul.*

militar contra/por — defender uma ideia, com luta.
Ex.: *Desde adolescente que militava num partido, contra a exploração e o analfabetismo, pela defesa da literacia.*

militar em — estar filiado num partido.
Ex.: *Álvaro Cunhal começou a militar no PCP desde muito jovem.*

misturar-se com — associar-se a/com, juntar-se a/com.
Ex.: *«Mistura-te com os bons e serás como eles...» (prov.).*

moderar-se em — tornar-se comedido em, conter-se em.
Ex.: *Moderou-se no uso de antidepressivos.*
Modera-te na forma como respondes ao teu pai!

mofar de — troçar de, zombar de.
Ex.: *Os alunos mofavam dos professores implacavelmente.*

moldar-se a (fig.) — adaptar-se a.
Ex.: *Foi difícil para a Joana moldar-se à maneira de ser do marido.*

molhar com — o m.q. humedecer com.

morar com — o m.q. viver com, habitar com.

morar em — o m.q. residir em.

morder em — dar dentadas em.
Ex.: *O meu cão mordeu no carteiro.*

morrer com/de — [1] sucumbir a, [2] ter em quantidade (conotação negativa).

Ex.: [1] *O velhote morreu com/de frio.* [2] *Estou a morrer de fome (fig.).*

morrer por — falecer por um motivo.
Ex.: *O pobre homem morreu por falta de assistência.*

mostrar-se a — o m.q. aparecer a.

motivar *alg.* **para** — o m.q. incentivar alg. para.

mover-se a/com — deslocar-se a/com, movimentar-se a/com.
Ex.: *O brinquedo move-se a/com pilhas.*

movimentar-se a/com — o m.q. mover-se com.

mudar de — [1] passar para outro lugar, [2] substituir, [3] tomar outro rumo.
Ex.: [1] *Mudei de casa há dois anos.* [2] *Ele muda de camisa todos os dias.* [3] *O vento mudou de direção.*

mudar/-se para — [1] deslocar-se para, passar para, [2] o m.q. transformar-se em, modificar-se.
Ex.: [1] *O João mudou/-se para Benfica.* [2] *A Paula mudou para melhor aluna do que era.*

multiplicar por — fazer multiplicação de/por.
Ex.: *Ao multiplicarmos 5 por 4 obtemos 20.*

multiplicar-se por — propagar-se por, reproduzir-se, crescer em número.
Ex.: *A praga de mosquitos multiplicou-se por toda a região.*

munir-se de — abastecer-se de, armar-se de.
Ex.: *Os homens muniram-se de espingardas e foram à caça do lobo.*

N

namorar com — andar de namoro com, cortejar, ter relação amorosa com.
Ex.: *Ela namora com um rapaz estrangeiro.*

namoricar com — o m.q. namorar com.

namoriscar com — o m.q. namorar com.

nascer para — ter vocação ou aptidão para.
Ex.: *Ele nasceu para médico: é tão dedicado aos doentes!*

navegar por — viajar por mar.
Ex.: *Os portugueses navegaram por mares desconhecidos.*

necessitar de — precisar de.
Ex.: *Ele necessitou de comprar roupa para o inverno.*

negar-se a — recusar-se a, não querer.
Ex.: *O deputado negou-se a prestar quaisquer declarações aos jornalistas.*

negociar com *alg.* — [1] fazer negócios com, comerciar com, [2] pactuar com.

Ex.: ¹ Negociei com ele porque o acho honesto. ² O governo negociou com os sindicatos e ambas as partes chegaram a acordo.

negociar em — fazer negócios em determinada área.
Ex.: O Pedro negoceia em compra e venda de carros.

nidificar em — fazer o ninho em.
Ex.: O melro nidificou na sebe.

notabilizar-se com/por — tornar-se notável com/por.
Ex.: O Prof. Egas Moniz notabilizou-se com as/pelas suas descobertas científicas e ganhou o Prémio Nobel da Medicina em 1949.

nutrir com — alimentar com.
Ex.: Nutria o gato com leite para bebés. Nutria o seu ódio com a obsessiva ideia de vingança (fig.).

O

obedecer a *alg.* ou *alg. c.* — submeter-se à vontade de outrem, reconhecer a autoridade de, cumprir ordens.
Ex.: Os alunos devem obedecer aos professores.
Pede-se aos cidadãos que obedeçam às ordens da polícia.

obrigar *alg.* **a** — forçar alg. a.
Ex.: O professor obrigou-o a acabar o trabalho.

obrigar-se a — comprometer-se a.
Ex.: Obrigou-se a tratar da tia idosa enquanto ela vivesse.

obstinar-se em — persistir em, teimar em.
Ex.: Obstinou-se em mudar de curso.

ocorrer em — aparecer em determinado contexto.
Ex.: Essa palavra ocorre frequentemente na linguagem dos mais velhos.

ocultar *alg. c.* **a** *alg.* — encobrir alg. c. a alg., não revelar.
Ex.: Ela ocultou a verdade aos pais.

ocupar-se a (+ *infin.*) — consumir tempo numa tarefa.
Ex.: Tu ocupas-te demasiado a escrever cartas aos amigos.

ocupar-se com — consumir/gastar tempo.
Ex.: Ocupo-me muito com a leitura de um bom livro.

ocupar-se de — dedicar-se a.
Ex.: Ela ocupa-se sempre dos trabalhos domésticos.

ofender *alg.* **com** — fazer ofensa a alg. por atos ou palavras, molestar alg.
Ex.: Involuntariamente, eu ofendi a Patrícia com o que lhe disse.

ofender-se com — o m.q. melindrar-se com.
Ex.: Ele não se ofendeu com os comentários dos amigos.

oferecer *alg. c.* **a** *alg.* — dar como oferta.
Ex.: O Pedro ofereceu uma caneta ao João.

oferecer-se a *alg*. — pôr-se à disposição de.
Ex.: Ofereci-me à Patrícia para lhe decorar a casa.

oferecer-se para — o m.q. prontificar-se a.

ofuscar-se com — perturbar-se o raciocínio.
Ex.: O espírito do político ofusca-se com o poder.

olear com — o m.q. untar com.

olhar a — atender a, ter em consideração.
*Ex.: No que diz respeito aos filhos, ela não olha a despesas.
Ele não olha a meios para atingir os fins.
Tens de olhar à difícil situação da Olga para compreenderes as suas atitudes.*

olhar para — fixar os olhos em, contemplar, observar.
*Ex.: Olhámos um para o outro ternamente.
Antes de atravessarmos as ruas, devemos olhar para a esquerda e depois para a direita.*

olhar por — cuidar de, proteger.
Ex.: Ela olha pela mãe, que está doente. Tens de olhar pela tua saúde.

omitir-se de — não intervir em, abster-se de.
Ex.: O Presidente da República não pode omitir-se das suas funções; deve manifestar opinião sobre o ocorrido. Ele não pode omitir-se de falar.

ondear por — propagar-se por.
Ex.: O som ondeou por todo o prédio.

operar em — atuar em.
Ex.: A polícia operava na periferia da cidade, para proteger os moradores do bairro. Essa empresa não opera em Portugal.

opinar sobre — dar opinião sobre.
Ex.: Opinava sempre sobre a legalização dos casamentos homossexuais.

opor a — o m.q. contrapor a.

opor-se a — ser contrário a.
Ex.: Oponho-me a que saias esta noite.

optar por — escolher, fazer escolha de.
Ex.: O Pedro optou pelo curso de Relações Internacionais.

orar a — rezar a.
Ex.: Os cristãos oram a Deus.

orar por — rezar, pedir através de orações a Deus.
Ex.: Oremos pela paz no mundo!

orçar em — ser calculado em, ter determinado preço.
Ex.: O arranjo do meu carro orça em 150 euros.

orçar por — ser calculado em, andar por.
Ex.: As obras da casa orçavam por uns milhares de euros.

orgulhar-se de — envaidecer-se com, vangloriar-se de.
Ex.: Orgulho-me do meu pai, porque ele é exemplarmente honesto.

orientar-se por — guiar-se por.
Ex.: À noite, o pastor orienta-se pelas estrelas.

ornamentar com — o m.q. enfeitar com.

oscilar entre (*fig.*) — ¹ hesitar entre, vacilar entre, ² variar entre.
Ex.: ¹ *Eu oscilei entre ficar ou partir.*
² *Os preços médios das casas oscilam entre os cem e os duzentos mil euros.*

oscilar perante — o m.q. vacilar perante.

P

pactuar com — fazer um acordo com, transigir em.
Ex.: Os sindicatos pactuaram com o governo e a greve terminou.

padecer com — o m.q. sofrer com.

padecer de — sofrer de, ser doente de.
Ex.: Padecia de insónias, mas curou-se.

pagar a *alg.* — saldar uma dívida com.
Ex.: Eu paguei ao meu irmão todo o dinheiro que lhe devia.

pagar a *alg.* **por** — o m.q. remunerar alg. por.

pagar por — sofrer as consequências por.
Ex.: O jovem pagou inocentemente por um crime que não cometeu.

pagar-se de — vingar-se de, desforrar-se de, receber pagamento por.
Ex.: Ela pagou-se do mal que ele lhe fez (fig.).
O técnico pagou-se bem do trabalho executado.

pairar sobre — estar suspenso no ar, estar iminente.
Ex.: As nuvens pairavam sobre as nossas cabeças.
Uma onda de protestos pairava sobre os governantes.

palestrar sobre — fazer uma conferência, uma exposição oral sobre um tema.
Ex.: O professor palestrou sobre os malefícios do tabaco.

parar com — não continuar, pôr fim a.
Ex.: Por favor, parem com esse barulho!

parar de — acabar de.
Ex.: Parou de chover e partimos logo para o Porto.

parecer-se a/com — assemelhar-se a, ter parecenças com.
Ex.: Ela parece-se fisicamente ao/com o pai.

parodiar com — brincar maliciosamente com, gozar com.
Ex.: Parodiámos com ele toda a noite, mas ele não se ofendeu.

participar *alg. c.* **a** *alg.* — comunicar alg. c. a, dar conhecimento de alg. c. a.
Ex.: Participaram o nascimento do primeiro filho a todos os amigos.

participar de — ¹ fazer parte integrante de, ² acompanhar solidariamente.
Ex.: ¹ *Toda a família participava do mesmo grupo coral.* ² *O pai participou da alegria da filha.*

participar em — tomar parte em, intervir em.
Ex.: O Secretário-Geral das Nações Unidas participou na reunião sobre o desarmamento.

partilhar *alg. c.* **com** *alg.* — o m.q. compartilhar com.

partir de — [1] sair de um sítio, [2] dar início a um raciocínio.
Ex.: [1] *O avião partiu do aeroporto às dez horas.* [2] *Parto da convicção de que ainda é possível a paz no mundo.*

partir para — sair de um sítio com destino determinado.
Ex.: A família do Pedro partiu para o Brasil.

passar a — [1] começar finalmente a, [2] ir para, [3] ascender a.
Ex.: [1] *Ela passou a vestir-se melhor desde que tem um emprego.* [2] *Depois do banquete, os convidados passaram ao salão de baile.* [3] *Ao fim de alguns anos como amador, o jogador passou finalmente a profissional.*

passar de — [1] ir além de, ultrapassar, [2] transitar de.
Ex.: [1] *Já passa do meio-dia.* [2] *O João conseguiu passar de ano, mesmo sem ir às aulas, quando esteve doente.*

passar de *(não)* *(fig.)* — ser apenas, não ir além de.
Ex.: Tu não passas de um medíocre empregado de escritório.

passar em — obter classificação positiva em.
Ex.: Ele teve de estudar muito para passar nos exames.

passar para — ir de um lugar para outro, mudar para.
Ex.: Passei para o outro lado do jardim. Estudava na Faculdade de Letras, mas decidiu passar para a Faculdade de Direito.

passar por — parecer, dar a ideia de, ser considerado como.
Ex.: Ele passa sempre por antipático porque conversa pouco e não é muito sociável.

passar por — [1] ir via, passar perto, [2] padecer, suportar.
Ex.: [1] *Este autocarro passa pela Cidade Universitária. O Carlos passou por mim e não me falou.* [2] *O João passou por uma situação dificílima, depois do acidente.*

passar sem — o m.q. prescindir de.

(alg.) **passar-se com** *(cal.)* — perder o controlo, irritar-se.
Ex.: Passei-me completamente com os insultos da Filomena.

(alg. c.) **passar-se com** *alg.* — *(alg. c.)* acontecer a alg.
Ex.: O que é que se passa contigo?

passar-se em — acontecer em.
Ex.: A história passou-se em Coimbra.

passear por — o m.q. deambular por.

patinhar em — pisar água, neve ou lama.
Ex.: As crianças gostam muito de patinhar na neve.

pavonear-se de — gabar-se, vangloriar-se de.
Ex.: Ele pavoneava-se de ter tido mais de cem namoradas.

pecar contra — transgredir preceitos ou regras, cometer pecado contra.
Ex.: Pecou contra as leis da sua igreja.

pedir *alg. c.* **a** *alg.* — solicitar alg. c. a alg.
Ex.: Eu pedi o jornal à minha amiga.

pedir por — interceder a favor de, ser intermediário.
Ex.: Vou pedir por ti ao meu chefe para ele te aceitar como secretária.

pegar-se a — ¹ colar-se a, agarrar-se a, unir-se a, ² contagiar.
Ex.: ¹ A lama pegou-se aos sapatos do Raul. A Joana pega-se ao Pedro e não o deixa em paz (fig.). ² Essa doença não se pega a pessoas.

pegar-se com (*fig.*) — zangar-se com, trocar argumentos com.
Ex.: O João pegou-se com o amigo e tiveram uma violenta discussão.

pelar-se por — sentir ou experimentar grande satisfação.
Ex.: Pelo-me por uma boa discussão política.

pender para — ter propensão para, ter vocação para, inclinar-se para.
Ex.: O Pedro pende para línguas; quer tirar um curso de tradutor. Politicamente, ela pende para a esquerda.

pendurar *alg. c.* **em** — suspender em.
Ex.: Penduraram os quadros melhores na sala de estar.

pendurar-se em (*fig.*) — apoiar-se em, ficar dependente de.

Ex.: A Cristina pendura-se muitas vezes nas amigas quando saem juntas.

penetrar em — entrar em, introduzir-se em.
Ex.: Penetrámos na sala sem sermos ouvidos.

pensar *alg. c.* **de** — ter opinião sobre.
Ex.: O que pensas do filme?

pensar em — ¹ meditar em, refletir em/sobre, ² ter intenção de.
Ex.: ¹ Penso em ti a todo o momento. Ele pensa seriamente na proposta que lhe fizeram. ² A Ana pensa em ir viver para Paris.

pensar por *alg.* — refletir em vez de alg.
Ex.: Não posso pensar por ti, tens de dar a tua opinião.

pensar sobre — meditar sobre, ter opinião sobre.
Ex.: Temos de pensar seriamente sobre o nosso futuro. O que é que pensas sobre os últimos acontecimentos na ex-União Soviética?

perceber de — ter conhecimento acerca de, entender de.
Ex.: O António percebe de informática, mas pratica pouco.

perder-se com (*fig.*) — perder a capacidade de controlo, fascinar-se com.
Ex.: Perco-me com as joias bonitas das ourivesarias.

perder-se de *alg.* — não conseguir encontrar, não ser capaz de localizar.
Ex.: Perdi-me da minha amiga e só nos encontrámos no hotel.

perder-se por (*fig.*) — gostar demasiado de, apreciar muito.
Ex.: Perco-me por bons cozinhados tradicionais portugueses.

perdoar a *alg.* — desculpar, conceder perdão a.
Ex.: Perdoei ao meu filho porque o amo muito.

perdoar *alg.* **por** — o m.q. desculpar alg. por.

peregrinar por — percorrer viajando, ir a lugares santos.
Ex.: Peregrinámos por Israel durante um mês.

perfumar com — aromatizar com.
Ex.: Perfumei a casa com aroma de alfazema.

perguntar *alg. c.* **a** *alg.* — fazer uma pergunta a, interrogar sobre.
Ex.: Ele perguntou as horas ao chefe.

perguntar por — [1] tentar localizar, [2] pedir informações sobre, tentar saber algo sobre.
Ex.: [1] *Perguntámos pelo diretor da escola, mas ninguém sabia onde se encontrava.* [2] *Perguntei pelo estado de saúde da Conceição.*

perguntar sobre — o m.q. interrogar sobre.

permanecer a (+ *infin.*) — o m.q. ficar a.
Ex.: Permaneci a rezar pelas melhoras do meu filho.

permanecer em — ficar em.
Ex.: Permaneci na sala durante duas horas.

pernoitar em — passar a noite em.
Ex.: Pernoitámos num pequeno albergue na montanha.

perseverar em — persistir em, conservar-se firme em.
Ex.: O João tem perseverado na recuperação das suas funções motoras.

persistir em — ser constante em, teimar em, continuar a insistir em.
Ex.: Ela persiste em querer casar-se no próximo mês.

persuadir *alg.* **a** — convencer alg. a.
Ex.: Ele persuadiu-me a comprar o último livro de Mário de Carvalho.

persuadir *alg.* **de** — convencer alg. de.
Ex.: Persuadiram-no da utilidade dos computadores.

pertencer a — ser propriedade de.
Ex.: Este livro pertence à minha professora.

perturbar-se com — [1] transtornar-se com, [2] ficar emocionalmente afetado com.
Ex.: [1] *Perturbei-me muito com a paixão que tive pelo Luís.* [2] *Perturbei-me com os insultos dele.*

pesquisar sobre — o m.q. investigar sobre.

planear *alg. c.* **com** *alg.* — fazer planos com alg., combinar alg. c. com alg.
Ex.: Planeei ir ao cinema com a Júlia.

poder com — ter capacidade ou condições para, suportar.
Ex.: Achas que podes com tantas despesas?

poder com *(não)* — não tolerar, não suportar, antipatizar com.
Ex.: Não posso com ela, irrita-me a sua atitude.

poisar/pousar em — colocar-se em, empoleirar-se em.
Ex.: A ave poisou/pousou no ramo da árvore.

polvilhar com/de — o m.q. salpicar com/de.

pôr *alg. c.* **em** — colocar alg. c. em (sobre ou dentro de).
Ex.: Pôs o prato em cima da/na mesa. Pus o pente na bolsa.

pôr-se a — [1] começar a, [2] iniciar uma ação.
Ex.: [1] Ela pôs-se a chorar quando ouviu aquela notícia. [2] O Sérgio e a Vanda puseram-se a ver televisão.

posar para — servir de modelo.
Ex.: A Marta posa frequentemente para os alunos do curso de Escultura.

precaver-se contra/de — prevenir-se contra, acautelar-se contra.
*Ex.: Quero precaver-me contra possíveis faltas de leite.
Tenho de precaver-me do frio para não ficar doente.*

precipitar-se sobre — atirar-se sobre, lançar-se sobre.
Ex.: O cão-polícia precipitou-se sobre o ladrão.

precisar de — necessitar de.
Ex.: Precisamos de ser mais disciplinados e mais eficientes.

predispor-se a — propor-se antecipadamente a.
Ex.: O ministro predispôs-se a discutir o assunto publicamente.

preencher com — [1] ocupar espaço vazio com, [2] ocupar.
Ex.: [1] Preencha os espaços com as preposições corretas. [2] O João preenche as tardes de sábado com a leitura dos jornais (fig.).

preferir *alg.* **ou** *alg. c.* **a** — gostar mais de.
Ex.: Prefiro vinho do Porto a qualquer outra bebida.

premiar *alg.* **com** — recompensar com, dar prémio a.
Ex.: Os pais premiaram-na com uma viagem a Londres.

premiar *alg.* **por** — dar prémio a alg. por.
Ex.: O presidente premiou o atleta pelas vitórias alcançadas.

prender a — o m.q. amarrar a.

prender-se a *alg.* — afeiçoar-se a, ligar-se a (fig.).
Ex.: A Manuela prendeu-se ao João desde muito jovem.

prender-se a *alg. c.* — ficar preso a, agarrar-se a.
Ex.: A saia da Cláudia prendeu-se à roda da bicicleta.

prender-se com — [1] relacionar-se com, [2] preocupar-se com.
Ex.: [1] A grande preocupação da Rita prende-se com o facto de o marido estar desempregado. [2] Não te prendas comigo, que eu cuido bem de mim.

preocupar-se com — ter preocupação com, inquietar-se com.

Ex.: *Preocupo-me com os conflitos internacionais e suas consequências.*

preocupar-se em (+ *infin*.) — cuidar em, esforçar-se por.
Ex.: *A Mariana, mesmo já muito doente, preocupava-se em aparecer sempre com cara alegre.*

preparar-se para — [1] habilitar-se para, [2] arranjar-se para, cuidar-se para, [3] prevenir-se para.
Ex.: [1] *Ele preparou-se cuidadosamente para o exame de Matemática.* [2] *Preparei-me muito bem para a festa do meu aniversário.* [3] *Já me preparei para os dias frios de inverno: comprei um aquecedor.*

prescindir de — [1] passar sem, [2] dispensar.
Ex.: [1] *O Pedro prescinde perfeitamente de café depois das refeições.* [2] *O deputado prescindiu do uso da palavra naquela sessão da Assembleia.*

presentear *alg.* **com** — dar presente a alg., oferecer a alg.
Ex.: *Ele presenteou-me com uma bonita caneta.*

preservar(-se) contra/de — defender(-se) de, acautelar(-se) contra.
Ex.: *É preciso preservar a saúde contra os/dos efeitos do tabaco. Devemos preservar-nos contra o/do frio.*

presidir a — ocupar a presidência, superintender.
Ex.: *O Papa presidiu a cerimónias religiosas em Fátima, em maio.*

prestar para — ser útil para, servir para.
Ex.: *Isso presta para alguma coisa?*

prestar-se a — [1] estar disposto a, [2] sujeitar-se a.
Ex.: [1] *Ela presta-se a fazer tudo o que lhe pedem.* [2] *O Nuno prestou-se a críticas desagradáveis por ter faltado à reunião.*

preterir *alg.* **a** — deixar atrás, não prover num cargo (posto) alg. a quem legalmente competia esse cargo (posto).
Ex.: *A Filomena foi preterida à Manuela?*

prevenir *alg.* **de** — o m.q. avisar alg. de.

prevenir *alg.* **sobre** — alertar, avisar sobre.
Ex.: *Preveni os meus filhos sobre os perigos da droga.*

prevenir-se contra — precaver-se contra, acautelar-se contra.
Ex.: *Previno-me sempre contra a gripe no início do inverno.*

prezar-se de — orgulhar-se, honrar-se de.
Ex.: *Prezo-me de ser uma pessoa honesta e cumpridora.*

primar por — distinguir-se por.
Ex.: *O Quim prima pela inteligência e pelo bom senso.*

principiar a (+ *infin*.) — começar a.
Ex.: *Principiou a trabalhar em maio.*

principiar por — começar uma atividade prioritariamente.
Ex.: *Principiou por ler os títulos mais importantes do jornal. Principiou pela página dos anúncios.*

privar com — ter relação de amizade com, conviver com.

Ex.: *Privo com alguns membros do governo.*

privar alg. **de** — impedir alg. de, tirar algo de alg.
Ex.: *Como castigo, a mãe privou o filho de ver televisão.*

privar-se de — abster-se de, prescindir de.
Ex.: *Privei-me de comprar roupa nova porque não tinha dinheiro.*

proceder a — realizar, encarregar-se.
Ex.: *O Presidente da Câmara procedeu à inauguração de mais um bairro de casas económicas.*

proceder contra — o m.q. agir contra.

proceder de — ter como origem, provir de.
Ex.: *As boas maneiras da Maria procediam dos ensinamentos que os pais lhe transmitiam.*

proceder segundo — o m.q. agir segundo, conforme.

processar alg. **por** — intentar uma ação judicial contra.
Ex.: *O polícia processou o condutor por excesso de velocidade.*

proibir alg. **de** — impedir de fazer, opor-se a.
Ex.: *O médico proibiu o Vítor de fumar.*

projetar(-se) em — [1] incidir ou fazer incidir em, [2] transpor os próprios desejos para outra pessoa (fig.).
Ex.: [1] *A luz projeta-se em todas as direções. Projetei o filme na parede branca.* [2] *Por vezes, os pais projetam-se nos filhos (fig.).*

prolongar-se por — estender-se por, durar, continuar.
Ex.: *O espetáculo vai prolongar-se por mais meia hora.*
A conversa prolongou-se por mais uma hora.

promover alg. **a** — elevar a posto ou a dignidade superior.
Ex.: *Ele promoveu o Carlos a chefe de secção.*

prontificar-se a — declarar-se disposto a, oferecer-se para.
Ex.: *Prontifiquei-me a ajudá-la, se precisasse de ajuda.*

pronunciar-se contra — dar opinião, manifestar-se contra.
Ex.: *Os católicos pronunciaram-se contra o aborto.*

pronunciar-se sobre — dar opinião, manifestar-se sobre.
Ex.: *O deputado pronunciou-se sobre o novo acordo ortográfico.*

propagar-se a — generalizar-se a, transmitir-se a.
Ex.: *O incêndio propagou-se a todo o edifício.*

propagar-se até — divulgar-se até, espalhar-se até.
Ex.: *O género musical Ópera propagou-se até aos nossos dias.*
A epidemia propagou-se até ao Norte do país.

propor alg. **para** — o m.q. indigitar alg. para.

propor-se a — oferecer-se para.
Ex.: *O Manuel propôs-se a ajudar-me na revisão do dicionário, mas só complicou as coisas.*

prosseguir com — o m.q. continuar com.

proteger-se contra/de — defender-se de.
Ex.: Protejo-me contra o/do frio usando o aquecedor elétrico todos os dias.

protestar contra — manifestar-se contra um ato ou uma medida, insurgir-se contra, reclamar contra.
Ex.: As mulheres protestam contra a discriminação sexual na oferta de trabalho.

prover com — o m.q. prover de.

prover(-se) de — o m.q. abastecer(-se) de, fornecer(-se) de.

provir de — o m.q. descender de, derivar de.

pugnar contra — combater contra, lutar contra.
Ex.: Pugno contra a desigualdade de direitos.

pugnar por — lutar a favor de.

Ex.: Ele pugna pelos seus ideais políticos.

punir *alg.* **com** — castigar alg. com.
Ex.: O juiz puniu-o com uma multa de 30 euros por estacionamento proibido.

puxar de — tirar, sacar de.
Ex.: O Carlos puxou da carteira para pagar a conta.

puxar para — tender para, ter tendência para.
Ex.: A Rita sempre puxou para um estilo de vida boémio.

puxar *alg.* **ou** *alg. c.* **para** — movimentar para, deslocar para.
Ex.: Puxaram o acidentado para a berma da estrada. Puxei as mangas da camisola para cima.

puxar por — arrastar, esticar.
Ex.: Ele puxou pela corda.

puxar por (*fig.*) — estimular, obrigar a falar ou a trabalhar.
Ex.: Puxo pela imaginação, mas não sai nada de original. O professor de inglês puxa exageradamente pelos seus alunos.

Q

quadrar com — ser apropriado ou conforme a, enquadrar-se em.
Ex.: As suas práticas de comportamento não quadram com as suas teorias.

qualificar *alg.* **de** — atribuir uma qualidade a alg., classificar alg. de.
Ex.: Podemos qualificá-lo de competente, mas inexperiente.

quedar-se a (+ *infin.*) — deter-se a.
Ex.: Quedou-se a admirar a paisagem do Douro.

quedar-se por — o m.q. ficar-se por.

queixar-se de — denunciar um mal ou ofensa, manifestar descontentamento por.
Ex.: Queixo-me de dores nas costas.

Queixava-se frequentemente das atitudes incorretas do seu chefe.

querelar de — apresentar queixa em tribunal contra alg.
Ex.: Os dois inquilinos querelaram do senhorio por ele não fazer as obras no prédio.

questionar(-se) sobre — discutir sobre, pôr em causa, interrogar-se sobre.
Ex.: Muitas vezes questionamo-nos sobre a origem do Universo. Também me questiono sobre a possibilidade de cura da SIDA.

R

rabujar com — implicar com, ser teimoso e impertinente com.
Ex.: Os dois irmãos estão sempre a rabujar um com o outro.

raciocinar sobre — meditar sobre, fazer raciocínio sobre.
Ex.: É importante raciocinarmos sobre os problemas da vida.

radicar-se em — fixar residência em.
Ex.: A minha prima radicou-se na Alemanha.

radiodifundir para — transmitir pela radiofonia para.
Ex.: A emissora radiodifunde para Portugal Continental e Madeira.

ralar-se com — apoquentar-se com, afligir-se com.
Ex.: Ela rala-se bastante com os filhos.

ralhar a/com — repreender em voz alta, gritar com.
Ex.: Às vezes, a professora tem de ralhar aos/com os alunos.

reabastecer-se de — fornecer-se novamente de.
Ex.: Ontem reabasteci-me de fruta no supermercado.

reabilitar alg. **para** — conceder a alg. direitos perdidos.
Ex.: Reabilitei-o para uma vida normal e saudável.

reabilitar-se de — regenerar-se de, obter a confiança pública.
Ex.: Reabilitei-me dos erros cometidos no passado.

reabituar-se a — tornar a habituar-se a.
Ex.: Tive de reabituar-me a viver sem luz elétrica.

reacomodar-se a — voltar a acomodar-se a.
Ex.: Reacomodámo-nos à vida no campo.

reacusar alg. **de** — tornar a acusar alg. de.
Ex.: Reacusou-me de ingrata.

readaptar-se a — tornar a adaptar-se a condições antigas.
Ex.: Depois de tantos anos, foi difícil readaptar-me ao anterior estilo de vida.

readmitir alg. **a** — tornar a admitir alg. a.
Ex.: Readmiti-a ao serviço sem exigir explicações.

reagir a — ter uma determinada resposta positiva ou negativa perante certo estímulo.

Ex.: *Ela reagiu bem ao tratamento médico. Ele reagiu mal à crítica do amigo.*

reagir contra — opor-se a, resistir a, lutar contra.
Ex.: *Reagi imediatamente contra acusações falsas.*

reagrupar em — agrupar de novo em, formar novos conjuntos.
Ex.: *Reagrupámos as palavras em três conjuntos distintos.*

reajustar(-se) a — ajustar de novo a, adaptar(-se) a.
Ex.: *Reajustei o meu sono ao meu novo horário de trabalho.*
Tive de reajustar-me ao sistema.

realistar-se em — tornar a alistar-se em.
Ex.: *O Pedro realistou-se na Força Aérea.*

reanimar-se com — tornar a animar-se com.
Ex.: *Reanimei-me com a melhoria do tempo.*

reaparecer em — tornar a aparecer em.
Ex.: *O primeiro-ministro reapareceu nas primeiras páginas dos jornais.*

reaplicar-se a — tornar a aplicar-se a, dedicar-se a.
Ex.: *Depois de uma pausa, o Nuno vai reaplicar-se à Matemática.*

reapoderar-se de — apoderar-se novamente de.
Ex.: *Os jogadores reapoderaram-se da bola.*

reapossar-se de — apossar-se novamente de, tomar posse novamente de.
Ex.: *Os proprietários conseguiram, finalmente, reapossar-se das suas terras ocupadas.*

reapresentar-se a — apresentar-se de novo a (depois de período longo de ausência).
Ex.: *Reapresentei-me ao serviço, mas não pude encontrar o diretor.*

reascender a — ascender de novo a.
Ex.: *Reascendeu ao cargo de ministro, depois de nova mudança de regime.*

reassegurar-se de — assegurar-se novamente de.
Ex.: *Reassegurei-me de que a porta estava fechada.*

reatar com *alg.* — restabelecer relações com alg.
Ex.: *Depois de três meses zangados, reatei ontem com o meu namorado.*

rebaixar-se a *alg.* — o m.q. humilhar-se a alg.
Ex.: *Não gosto de rebaixar-me a ninguém.*

rebelar-se contra — revoltar-se contra.
Ex.: *Ele rebelou-se contra as injustiças cometidas pelos polícias.*

rebentar com *alg.* (*cal.*) — [1] fatigar até à exaustão, [2] provocar (ou quase) a morte.
Ex.: [1] *O curso intensivo rebentou comigo.* [2] *Bateu-lhe tanto, que rebentou com ela.*

recair em — reincidir em.
Ex.: *Depois de dez anos sem beber, recaí no álcool.*
As nossas discussões recaíam sempre no mesmo assunto (fig.).

recair sobre — centrar-se de novo em.
Ex.: Os olhares recaíram sobre a Teresa, quando ela saiu da sala.

recalcitrar contra — insurgir-se, rebelar-se contra.
Ex.: Os estudantes recalcitraram contra o aumento das propinas.

recatar *alg.* **de** — defender alg. de.
Ex.: A mãe tentou recatar a filha das más companhias.

recear por — temer por, ter receio de.
Ex.: Ela receia pela sorte do marido.

rechear com/de — encher com/de.
Ex.: Recheei o bolo com/de creme de café.

reclamar contra — protestar contra.
Ex.: O povo reclama contra a subida do preço da gasolina.

reclamar de — protestar contra.
Ex.: Reclamámos da decisão do editor do nosso livro.

reclamar por — exigir, pedir exigindo, reivindicar.
Ex.: Ele sentiu-se tão mal julgado que reclamou por justiça.
Os funcionários públicos reclamam por aumentos salariais.

recobrir com/de — tornar a cobrir com.
Ex.: Recobriu a parede com/de nova camada de tinta.

recolher a — voltar a, regressar a.
Ex.: Hoje, o João recolheu cedo a casa.

recolher-se em — abrigar-se em, encerrar-se em.
Ex.: Os turistas recolheram-se nas arcadas da Praça do Comércio quando começou a chover.
A pobre rapariga, desiludida, recolheu-se no Convento de Jesus.

recomeçar a — começar de novo a.
Ex.: Recomecei a estudar piano com uma professora russa.

recomeçar com *alg.* — reiniciar relação afetiva com alg.
Ex.: Recomecei com o meu ex-namorado.

recompensar *alg.* **de** — dar recompensa a alg. de/por, compensar alg. de/por.
Ex.: O meu irmão recompensou-me do esforço que fiz para o ajudar.

recompensar *alg.* **por** — premiar alg. por, compensar alg. por.
Ex.: A Olga recompensou a Virgínia por toda a ajuda que lhe deu.

recompor-se de — recuperar de.
Ex.: Recompus-me, finalmente, do mal-estar que sentia; levei tempo a recompor-me do desgosto sofrido.

reconcentrar-se em — tornar a concentrar-se em.
Ex.: Reconcentrei-me nos acontecimentos para conseguir chegar a uma conclusão.

reconciliar-se com — restabelecer a paz e boas relações, fazer as pazes.
Ex.: Ela está magoada, deve ser difícil reconciliar-se com ele.

reconvalescer de — recuperar forças perdidas, recuperar de.

Ex.: Depois de várias recaídas, conseguiu, finalmente, reconvalescer daquela doença.

reconverter em — proceder à reconversão em.
Ex.: Podemos reconverter esse produto em novos produtos.

recordar-se de — lembrar-se de.
Ex.: Recordo-me bem da minha infância.

recorrer a — lançar mão de, valer-se de.
Ex.: Tiveram de recorrer à força para dominar os manifestantes.

recorrer de — não aceitar, reclamar, interpor recurso.
Ex.: Recorreu da sentença por não concordar com a decisão do juiz.

recostar-se em — (alg.) encostar-se para trás, apoiando as costas.
Ex.: Eu gostava de recostar-me na cadeira de baloiço.

recrudescer de — aumentar, agravar-se.
*Ex.: Ele recrudesceu de alegria quando a amiga regressou.
O combate de boxe recrudesceu de violência.*

recuar perante — andar para trás, retroceder face a.
Ex.: É preciso ser capaz de recuar perante todo o tipo de perigo.

recuperar de — restabelecer-se de.
Ex.: Recuperei da doença que tive.

recusar-se a — o m.q. negar-se a.

redigir em — fazer redação numa determinada língua.

Ex.: A Wanda redige em inglês com muita competência.

redimir-se de — libertar-se de uma situação.
Ex.: Ele redimiu-se do mal que fez ao pai.

redobrar de — intensificar.
Ex.: Redobrei de esforços para a convencer a viver fora de Lisboa.

redundar em — resultar em, converter-se em, transformar-se em.
Ex.: A festa que ela deu redundou em fracasso.

reduzir a — transformar em, submeter a, limitar a.
*Ex.: Eles reduziram tudo a cinzas.
A polícia reduziu-o ao mais absoluto silêncio (fig.).
Reduziu o trabalho sobre Fernando Pessoa a duas folhas A4.*

reduzir-se a — limitar-se a.
Ex.: As propostas do diretor reduziam-se a dois únicos pontos.

reencontrar-se com — tornar a encontrar-se com.
Ex.: Reencontrei-me com a Francisca em Londres.

reenviar *alg. c.* **a** *alg.* — tornar a enviar alg. c. a alg.
Ex.: Reenviei a encomenda ao Luís.

reenviar *alg. c.* **para** — tornar a enviar alg. c. para.
Ex.: Reenviei tudo para a nova morada.

reexpor-se a — tornar a expor-se a.
Ex.: Ele reexpôs-se às minhas críticas.

refazer-se de — recuperar de, recompor-se de.

Ex.: A Rita fez uma viagem ao estrangeiro para se refazer do desgosto sofrido.

referir-se a — aludir a, dizer respeito a.
Ex.: Refiro-me apenas a alguns verbos.

refilar com/contra — repontar com/contra, dizer palavras desagradáveis.
Ex.: O jogador refila com o árbitro; refila contra a decisão dele.

refletir em/sobre — meditar sobre, ponderar sobre.
Ex.: Reflete nas minhas palavras. Refleti bastante sobre os problemas mundiais.

refletir-se em — [1] transmitir-se em, [2] projetar-se em.
Ex.: [1] A luz reflete-se em todas as direções. [2] Os problemas dos pais refletem-se nos filhos (fig.). Os efeitos da recessão económica refletem-se nos preços dos produtos (fig.).

refugiar-se em — procurar proteção ou refúgio em.
Ex.: Refugiou-se numa casa abandonada. Refugiava-se no álcool para esquecer os problemas (fig.).

regalar-se com — sentir grande prazer com.
Ex.: Regalei-me com um sono profundo.

regenerar-se de — corrigir-se moralmente de, reabilitar-se de.
Ex.: Ele regenerou-se do vício de roubar, depois de ter saído da prisão. O Artur regenerou-se do vício do álcool.

reger-se por — orientar-se por, regular-se por.
Ex.: Ainda se rege por normas morais rígidas.

regozijar-se com/por — encher-se de alegria com/por.
Ex.: Regozijo-me sempre com os/pelos sucessos do meu marido.

regozijar-se de/por — alegrar-se de/por.
Ex.: Ele pode regozijar-se de/por ter vencido.

regressar a — voltar a/para.
Ex.: Ele regressou a casa tarde.

regressar de — voltar de um lugar.
Ex.: Regressei de França ontem.

regular-se por — orientar-se por.
Ex.: Ele regula-se pelo mapa de Lisboa para não se perder.

regurgitar de — transbordar de, extravasar, estar cheio de.
Ex.: Regurgitei de alegria ao saber notícias dela.

reinar em/entre — dominar em/entre, imperar em/entre.
Ex.: Reina apenas no seu meio, entre um pequeno grupo de amigos. A confiança reinou de novo na/entre a população.

reincidir em — cometer novamente um delito ou crime, repetir um ato.
Ex.: Depois de alguns anos sem fumar, reincidiu no tabaco.

reincitar *alg.* **a** — incitar de novo a.
Ex.: Reincitámos o árbitro a marcar falta.

reincorporar-se em — incorporar-se de novo em.

Ex.: Reincorporou-se no serviço militar.

reiniciar com — o m.q. recomeçar com.

reinquirir sobre — inquirir novamente sobre.
Ex.: Reinquiri sobre a origem da família dele.

reinscrever(-se) em — inscrever(-se) novamente em.
Ex.: Reinscrevi o meu filho nas lições de piano. Reinscrevi-me nas classes mistas de natação.

reinsistir em — insistir repetidamente em.
Ex.: Reinsisti em acompanhá-la a casa.

reintegrar-se em — integrar-se de novo em.
Ex.: Reintegrou-se facilmente no grupo, depois de alguns meses de ausência.

relacionar-se com — [1] dizer respeito a, [2] ter trato social com alg.
Ex.: [1] Isto relaciona-se com o problema que discutimos ontem. [2] Relaciono-me com pessoas muito cultas.

relegar *alg.* **ou** *alg. c.* **para** — desprezar, dar importância secundária.
Ex.: Relegou o Carlos para segundo plano, depois da admissão do novo bailarino. O Pedro relegou a natação para último lugar, nas suas atividades.

relembrar-se de — lembrar-se novamente de.
Ex.: Ele relembra-se dos momentos difíceis por que passou.

rematar com — acabar com, concluir com.
*Ex.: Rematei a camisola com um bordado.
Rematei o discurso com uma frase de elogio ao diretor (fig.).*

remeter a — o m.q. enviar a.

remeter para — referir-se a, reportar-se a.
Ex.: Esse assunto remete para a página sete.

remeter-se a — entregar-se, confiar-se a.
Ex.: Remeteu-se à sua condição de simples executante e não emitiu qualquer opinião sobre o trabalho.

remexer em — [1] revolver, tornar a mexer em, [2] relembrar.
Ex.: [1] Remexi nos papéis. [2] Não pretendo remexer em assuntos passados (fig.).

remontar a — ter origem remota, recuar até.
Ex.: A história desta casa remonta ao século XVII.

remunerar *alg.* **por** — recompensar alg. por, pagar a alg. por.
Ex.: O António remunerou-a pelos seus bons serviços.

renascer para (*fig.*) — nascer de novo para, rejuvenescer.
Ex.: Depois de conhecer o Fernando renasci para a vida.

render-se a — dar-se por vencido perante, submeter-se a.
*Ex.: Embora contrariado, rendi-me à evidência dos factos.
Ele teve de render-se à decisão do professor.*

renegar a — descrer de.
Ex.: Não renego a Deus.

renunciar a — desistir de, abdicar de.
Ex.: Renunciei a todos os divertimentos para ter tempo para estudar. Ele teve de renunciar ao cargo por motivos de saúde.

reparar *alg.* **de** — compensar alg. de/por, indemnizar alg. de.
Ex.: Ele reparou-me de todas as ofensas.

reparar em — observar com atenção.
Ex.: Reparei naquele quadro bonito que estava na sala.

repartir *alg. c.* **com** — dividir alg. c. com, distribuir alg. c. por.
Ex.: Gosto de repartir o que tenho com os amigos.

repartir em — separar em partes.
Ex.: Reparti o bolo em partes iguais.

repartir por — distribuir por.
Ex.: Repartiu o creme de chocolate pelos filhos.

repassar de — o m.q. trespassar com.
Ex.: Repassaram o homem de balas de pistola.

repercutir-se em/por — refletir-se em, espalhar-se por.
Ex.: Os problemas da infância repercutem-se na/pela idade adulta (fig.). A notícia repercutiu-se em/por toda a cidade. O som do órgão repercutia-se em/por toda a sala.

repontar com — o m.q. refilar com.

reportar-se a — aludir a, fazer referência a.
Ex.: Este assunto reporta-se ao artigo que lemos ontem no jornal.

repreender *alg.* **por** — dar uma repreensão por, censurar por.
Ex.: Repreendi o meu filho por chegar tarde.

reprimir-se de — conter-se, coibir-se de.
Ex.: Ela reprimia-se de falar com o seu médico sobre o problema que a afetava.

reprovar a/em — ficar excluído em exame a/em.
Ex.: Ele reprovou ontem a/em inglês.

repugnar a *alg.* — não tolerar, não aceitar.
Ex.: Repugna-me saber que ainda usam esses métodos na polícia.

reputar *alg.* **de** — considerar, julgar como.
Ex.: Reputo-a de pessoa honesta.

rescender a — cheirar ativa e agradavelmente a.
Ex.: Na primavera, os campos rescendem a rosmaninho.

resgatar-se de — libertar-se de.
Ex.: Resgatou-se dos erros cometidos.

resguardar(-se) de — o m.q. proteger(-se) de.

residir em — morar em, habitar em.
Ex.: Resido em Lisboa há 20 anos, na mesma casa.

resignar de — desistir de, abdicar de.
Ex.: O Joaquim resignou do cargo de administrador da empresa.

resignar-se a — conformar-se com.
Ex.: Resignei-me a viajar em 2.ª classe.

resignar-se com — conformar-se com, ter resignação com.
Ex.: Lamento a perda da minha carteira, mas já me resignei com a situação.

resistir a — não ceder a, sobreviver a.
Ex.: Os presos políticos resistiram heroicamente a todas as torturas.

resmungar com *alg.* — falar em voz baixa e com mau humor com alg.
Ex.: Ouvi-o resmungar com a mulher.

resmungar contra *alg. c.* — falar em voz baixa e com mau humor contra alg. c.
Ex.: Resmungou contra a subida dos preços.

resolver-se a (+ *infin.*) — decidir finalmente.
Ex.: Afinal, ele resolveu-se a ficar em Portugal.

respeitar a — dizer respeito a, ser relativo a.
Ex.: Esse assunto respeita aos políticos.

respirar por — executar a função de respirar por meio de.
Ex.: Os peixes respiram pelas guelras.

responder a — dar resposta a.
Ex.: Ele respondeu à minha carta imediatamente.

responder por — [1] responsabilizar-se por, [2] responder em vez de alg., [3] responder em nome de alg.
Ex.: [1] *Confio na minha amiga, posso responder por ela.* [2/3] *O João respondeu pelo Pedro porque é mais extrovertido.*

responsabilizar *alg.* **por** — tornar responsável por, atribuir responsabilidade por.
Ex.: Responsabilizaram-no pelo acidente de automóvel.

responsabilizar-se por *alg.* **ou** *alg. c.* — tornar-se responsável por.
Ex.: Posso responsabilizar-me por essa pessoa, é de total confiança. Não nos responsabilizamos pelos objetos deixados no quarto do hotel.

ressair de — [1] sobressair de, [2] salientar-se de.
Ex.: [1] *O fio é tão grosso que ressai da parede.* [2] *Ressai dela uma grande simpatia (fig.).*

ressaltar de — o m.q. ressair de.

ressentir-se com — melindrar-se com, ofender-se com.
Ex.: Ressenti-me com as palavras agressivas dele.

ressentir-se de — sofrer o efeito de.
Ex.: Ressente-se muitas vezes de uma fratura que sofreu há anos.

restabelecer-se de — recuperar de.
Ex.: Restabeleci-me rapidamente daquela doença.

restituir a — [1] devolver a, [2] restabelecer no estado anterior.
Ex.: [1] *Restituí as chaves ao proprietário.* [2] *Restituíram o preso à liberdade (fig.).*

restringir *alg.* **a** — o m.q. condicionar alg. a.

restringir-se a — limitar-se a.
Ex.: Restringi-me a responder ao que me perguntaram.

resultar de — ser consequência de, advir de.
Ex.: A situação de rutura resulta de graves problemas entre o casal.

resultar em — o m.q. redundar em, transformar-se em.

resumir em — reduzir a.
Ex.: Resuma a história em poucas palavras.

resumir-se a — reduzir-se a, consistir em, limitar-se a.
Ex.: O meu jantar resumiu-se a chá e torradas.

retardar a/em — demorar a.
Ex.: Ele retardou a/em entregar a encomenda.

reter de — fixar, manter na memória.
Ex.: Podemos reter, de tudo o que o ministro disse, que a paz entre os povos é possível.

reter em — manter em prisão, conservar em.
Ex.: Retiveram o ladrão na cadeia. Retenho na memória tudo o que ele disse.

retirar(-se) de — sacar de, abandonar.
Ex.: Retiraram dos bolsos dos prisioneiros todos os objetos cortantes. Aquele professor retirou-se da vida académica aos 70 anos.

retirar-se em/para — isolar-se em/para.
Ex.: O bailarino, já idoso, retirou-se numa/para uma ilha em Itália.

retornar a — regressar a.
Ex.: Retornou ao seu país depois de muitos anos de ausência.

retrair-se perante — encolher-se perante, não se manifestar perante.
Ex.: Retraiu-se tanto perante o pai que não conseguiu falar.

retratar-se de — desdizer-se de, mostrar público arrependimento de.
Ex.: Ela retratou-se do mal que me tinha feito.

retroceder perante — o m.q. recuar perante.

retroverter de/para — tradução da língua original para outra língua.
Ex.: É preciso retroverter o texto de português para alemão.

reunir em — juntar em, agrupar em.
Ex.: Reuni todos os elementos em folhas de tipo A4.

reunir(-se) com — ter encontro com.
*Ex.: Reunimos com o diretor do nosso departamento.
Reuniram-se com os organizadores da festa.*

reunir-se em — o m.q. agrupar-se em.

revelar alg. c. **a** alg. — dizer alg. c. a alg., contar alg. c. a alg.
Ex.: A Vanda revelou um segredo ao Sérgio.

reverter para — redundar em proveito de.
Ex.: O dinheiro conseguido reverteu para os pobres.

revestir a/com/de — cobrir a/com/de, tapar a/com/de.

Ex.: Revestimos a parede a/com/de papel.

revoltar-se com/contra — opor-se a, indignar-se com/contra.
Ex.: Revoltou-se com/contra a injustiça social.

revoltear em — mover-se rapidamente em movimentos concêntricos.
Ex.: Os dois apaixonados revolteavam na pista de dança enebriados com a música.

rezar a — orar a, dizer orações.
Ex.: Rezo a Deus.

rezar por — orar por, dizer orações por.
Ex.: Rezaram pela saúde do filho doente.

rimar com — formar rima com, fazer corresponder a/com.
Ex.: Amor rima com calor.

rir-se de — escarnecer de.
Ex.: Rio-me dele porque o acho idiota.

rir-se para — sorrir para (de forma simpática).
Ex.: Ele ria-se para mim quando me encontrava.

riscar *alg.* **ou** *alg. c.* **de** — excluir alg. ou alg. c. de, eliminar de, suprimir de.
Ex.: Risquei-o do meu grupo de amigos (fig.).
Riscaram o nome da lista.

rivalizar com *alg.* — servir de rival a alg., procurar igualar com alg.
Ex.: Ela é muito inteligente, não posso rivalizar com ela.

rivalizar em — competir em, disputar.
Ex.: As duas alunas rivalizam em atenção e amabilidades para com a professora.

rodar em/por/sobre — girar em/por/sobre, rolar em/por/sobre.
Ex.: O carro rodava na/pela/sobre a estrada.

rodear *alg.* **ou** *alg. c.* **com/de** — envolver alg. ou alg. c. com/de, cercar alg. ou alg. c. com/de.
Ex.: Os meus amigos rodearam-me com/de muitos carinhos (fig.).
Rodearam o estádio com/de bandeiras.

rodear-se de — fazer-se acompanhar de/por, procurar a convivência de.
Ex.: Rodeei-me dos melhores profissionais para fazer progredir a empresa.

rogar a — pedir a, suplicar a.
Ex.: Rogo a Deus que me proteja.

rogar por — pedir por, suplicar por.
Ex.: A Sónia roga por perdão.

rolar em/por/sobre — o m.q. rodar em/por/sobre.

romper com (*fig.*) — separar-se de, cortar relações com.
Ex.: Rompi com o meu noivo porque não nos entendíamos.

rotular *alg.* **ou** *alg. c.* **de** — qualificar, classificar, pôr rótulo em.
Ex.: É sempre perigoso rotularmos as pessoas de boas ou de más (fig.). Rotulei as garrafas de Porto mais antigas de VSOP.

rumar para — encaminhar-se para, tomar determinada direção.
Ex.: *Após a tempestade, o navio rumou para o Norte de Portugal. Rumaram para terra.*

rutilar sob — brilhar, resplandecer sob.
Ex.: *As joias da princesa rutilavam sob as luzes dos candelabros.*

S

saber a — ter determinado sabor ou paladar a.
Ex.: *É um prato de peixe, mas sabe a marisco.*

saber de — [1] ter notícias de, [2] entender de.
Ex.: [1] *Há muito tempo que não sei nada do João.* [2] *Sabes alguma coisa de informática?*

sacar de — [1] puxar de, [2] obter informações de alg.
Ex.: [1] *Ela sacou da carteira para pagar a conta.* [2] *Ele não queria falar, mas eu consegui sacar dele o que precisava de saber (fig.).*

sacrificar *alg.* ou *alg. c.* **a** — oferecer sacrifícios a.
Ex.: *Ela sacrificou a vida ao serviço da humanidade.*

sacrificar-se a *alg. c.* — sujeitar-se a alg. c.
Ex.: *Sacrifico-me a tudo para conseguir os meus objetivos.*

sacrificar-se por alg. — fazer sacrifícios por alg.
Ex.: *Sacrificou-se pelos filhos quanto pôde.*

safar *alg.* **de** — livrar alg. de uma situação desagradável.
Ex.: *Ela safou-me do perigo.*

safar-se de — fugir de, livrar-se de.

Ex.: *Consegui safar-me de ser apanhada pelo ladrão.*

sair a — parecer-se a/com.
Ex.: *A Patrícia sai à mãe, é teimosa como ela.*

(*alg. c.*) **sair a** *alg.* — cair em sorte a.
Ex.: *O prémio da lotaria saiu a um jovem de 26 anos.*

sair-se com — dizer de improviso, de forma inesperada.
Ex.: *Ele saiu-se com um belo discurso.*

sair de — passar de dentro para fora.
Ex.: *Saí da faculdade à pressa.*

sair por — ir para fora (meio).
Ex.: *A Mafalda saiu pela porta principal.*

salientar-se de — destacar-se de, evidenciar-se de.
Ex.: *Ele salienta-se do grupo por ser muito alto.*

salientar-se em — evidenciar-se em.
Ex.: *Ele salienta-se em inglês, porque viveu muito tempo em Inglaterra.*

salientar-se entre — evidenciar-se entre.
Ex.: *Ele salienta-se entre os colegas de turma.*

salientar-se por — evidenciar-se por.
Ex.: O Pedro salienta-se pela sua intuição musical.

salpicar com/de — polvilhar com/de.
Ex.: Salpiquei o doce de/com canela.

saltar de-para — transpor de um salto.
Ex.: Saltámos do muro para o chão.

saltar para — pular para, dar salto para.
Ex.: Saltaram para a água.

salvar *alg.* **de** — livrar alg. do perigo de.
Ex.: Salvei-o de morrer afogado.

satisfazer-se com — contentar-se com.
Ex.: Ela não é exigente, satisfaz-se com pouca coisa.

saturar de — encher de.
Ex.: Saturaram o café de açúcar.

saturar-se de — estar farto e cansado de.
Ex.: Ele diz sempre o mesmo, já me saturei de o ouvir.

sedar *alg.* **com** — acalmar alg. com.
Ex.: O médico sedou-a com um medicamento apropriado.

segregar *alg.* **de** — pôr alg. de lado, isolar de.
Ex.: Segregaram-no do grupo de amigos.

seguir por — o m.q. ir por (meio).

seguir-se a — suceder a, vir ou acontecer depois.
Ex.: A escolha das candidatas seguiu-se à apresentação das mesmas.

segurar *alg.* **ou** *alg. c.* **em** — fazer contrato de seguro em.
Ex.: Segurei a minha empregada e a minha casa em muitos milhares de euros, na companhia de seguros Império.

segurar *alg.* **ou** *alg. c.* **por** — agarrar em.
Ex.: A mãe segurava a criança pela mão.
Ele segurava a cesta pela asa.

sensibilizar para — alertar para.
Ex.: A opinião pública foi sensibilizada para aquele acontecimento trágico.

sentar-se a-em — tomar assento a-em.
Ex.: Sentei-me à mesa, na cadeira mais confortável.

sentir-se com/de — ofender-se com.
Ex.: A minha amiga disse-me coisas desagradáveis e eu senti-me com as/das suas palavras.

separar de — apartar de.
Ex.: Separei as maçãs das peras.

separar em — o m.q. dividir em.

separar-se de — afastar-se de, desligar-se de.
Ex.: Separou-se do marido há um ano.

ser contra — declarar-se contra.
Ex.: Sou contra a caça aos elefantes.

ser de — ter como origem.
Ex.: A colher é de prata. Ele é da Argélia, é argelino.

ser para — ter como finalidade, destinar-se a.

Ex.: *O bolo é para a festa de aniversário.*
As leis são para cumprir.

ser por — declarar-se a favor de.
Ex.: *Eu sou pela preservação da natureza.*

seringar para — aborrecer.
Ex.: *Foi preciso ela seringar muito o marido, para ele abandonar o lar (fig.).*

serpear em — ondular, serpentear em.
Ex.: *As chamas serpeavam na escuridão.*

servir de — ter a função de, substituir.
Ex.: *Isto não é um açucareiro, mas pode servir de açucareiro agora.*

servir para — poder ser utilizado para, ter utilidade para.
Ex.: *A caneta serve para escrever.*

servir-se de — utilizar, usar.
Ex.: *Servi-me do teu livro para estudar.*

simpatizar com — sentir simpatia por, ter afeição por, gostar de.
Ex.: *Conheço-o mal, mas simpatizo com ele.*

sistematizar em — pôr em sistema, ordenar em.
Ex.: *Sistematizaram os seres vivos em vários grupos, conforme as características.*

situar em — atribuir determinado nível numa escala de grandeza.
Ex.: *O economista situa o défice em 3 por cento.*

situar-se em — localizar-se em.
Ex.: *A ação situa-se nos anos sessenta. A Praça de D. Pedro IV situa-se na Baixa de Lisboa.*

soar por — o m.q. ecoar por.

sobrecarregar *alg.* com/de — obrigar a um esforço exagerado com/de.
Ex.: *O diretor sobrecarrega-me com/de trabalho.*

sobrepor-se a — elevar-se acima de, colocar-se sobre.
Ex.: *A amizade sobrepõe-se a todos os sentimentos.*

sobressair de — distinguir-se de, evidenciar-se de.
Ex.: *A beleza dos seus olhos sobressai de todo o conjunto.*

sobressaltar-se com — assustar-se com.
Ex.: *Sobressaltei-me com o barulho que vinha da rua.*

sobreviver a — resistir a, suportar os efeitos de.
Ex.: *Sobreviveram a todas as dificuldades, graças à sua coragem. O João conseguiu sobreviver a todos os ferimentos sofridos no acidente.*

socorrer-se de — recorrer a, valer-se do auxílio de.
Ex.: *Socorremo-nos de um dicionário para ver o significado de algumas palavras.*

sofrer com *alg. c.* — ter sofrimento com, padecer com.
Ex.: *Sofreu com a ausência do amigo.*
Sofri muito com o acidente do meu filho.

sofrer de — experimentar dores físicas ou morais de.
Ex.: *Ela sofre de asma e de insónias.*

sofrer por — padecer por, experimentar dores físicas ou morais.
Ex.: *Sofria pelo modo como ele a tratava.*

solidarizar-se com — tornar-se solidário com.
Ex.: *Ela solidarizou-se comigo nas decisões que eu tomei.*

soltar-se de — libertar-se de.
Ex.: *Ela soltou-se da superproteção dos pais.*

sonhar com — ter sonhos com, ver em sonhos, imaginar.
Ex.: *Sonho tantas vezes com o meu apaixonado.*
Sonho com uma casa sobre a praia (fig.).

sorrir de — rir sem ruído de.
Ex.: *Ela sorriu de satisfação.*

sorrir para — rir com moderação para.
Ex.: *Eu sorri para ele.*

subir a — trepar a, mover-se de baixo para cima.
Ex.: *Quando era pequeno costumava subir às árvores.*

subir a/até — elevar-se a/até.
Ex.: *A temperatura subiu a/até 40 graus centígrados.*

subir para — trepar para, mover-se de baixo para cima.
Ex.: *O Pedro subiu para o ramo mais alto da árvore.*

subdividir(-se) em — tornar a dividir(-se) em.
Ex.: *Subdividimos o livro em várias partes. O livro subdivide-se em vários capítulos.*

subjugar *alg.* **a** — sujeitar alg. a, submeter alg. a.
Ex.: *Durante anos, os homens subjugaram as mulheres às suas vontades.*

subjugar-se a — o m.q. sujeitar-se a.

submeter *alg.* **a** — o m.q. subjugar alg. a.

submeter *alg. c.* **a** — colocar, pôr dependente de.
Ex.: *Submeti o meu trabalho à apreciação do professor de História.*

submeter-se a — o m.q. sujeitar-se a.

subordinar(-se) a — pôr(-se) sob dependência de, sujeitar(-se) a.
Ex.: *Os professores subordinam os alunos às regras da escola, mas estes não se subordinam facilmente ao que lhes impõem.*

subsistir de — o m.q. viver de, manter-se com.

substituir *alg.* **ou** *alg. c.* **por** — pôr alg. ou alg. c. em lugar de outra.
Ex.: *O primeiro-ministro substituiu o ministro das Finanças por um jovem político muito dinâmico. Vou substituir a televisão velha por uma nova.*

subtrair a — tirar a.
Ex.: *Dois subtraído a três, dá um.*

subtrair de — tirar de, furtar de.
Ex.: *Subtraíram da ata as declarações mais polémicas.*
A empregada subtraiu da caixa algum dinheiro.

suceder a *alg.* — vir ou acontecer depois de, seguir-se a, acontecer a.
Ex.: *O Rei D. Afonso IV sucedeu a seu pai, D. Dinis.*
Sucedeu-lhe uma coisa terrível.

suceder com — passar-se com, acontecer a.
Ex.: *Sucedeu com ela uma história curiosa.*
O que sucedeu com o pobre rapaz pode servir de exemplo para outros.

sucumbir a — não resistir a, morrer com.
Ex.: *Sucumbiu aos graves ferimentos.*

sufocar com/de — sentir dificuldade em respirar, afligir-se com.
Ex.: *O cãozinho sufocou com um osso atravessado na garganta.*
Ele sufocava com/de tristeza naquele país desconhecido (fig.).

sujar(-se) com/de — tornar(-se) sujo com/de, manchar(-se) com/de.
Ex.: *Sujei tudo com/de tinta. Sujou-se com/de café.*

sujeitar(-se) a — submeter-se a, subjugar-se a.
Ex.: *A patroa sujeitava-a a trabalhos muito violentos. Ela não quis sujeitar-se à nova reforma do ensino e deixou de dar aulas.*

superar em — ir além de, ultrapassar.
Ex.: *A Conceição supera-me em inteligência.*

suplicar a *alg.* — o m.q. rogar a alg.

suportar com — arcar com, aguentar com.
Ex.: *Como vais conseguir suportar com tantos encargos?*

suprimir *alg.* **ou** *alg. c.* **de** — o m.q. riscar alg. ou alg. c. de.

surgir a *alg.* — o m.q. aparecer a alg.

surgir de — aparecer de (origem, proveniência).
Ex.: *Surgiu de longe, sem que alguém notasse.*

surpreender *alg.* **com** (*fig.*) — causar admiração a alg. com.
Ex.: *Surpreendi todos com a minha chegada inesperada.*

surpreender-se com — ficar espantado com.
Ex.: *Surpreendeu-se com o barulho do carro.*

suscetibilizar-se com — ofender-se com.
Ex.: *Suscetibilizei-me com o meu marido porque ele foi muito agressivo.*

suspeitar de — o m.q. desconfiar de.

suspirar por — desejar ardentemente.
Ex.: *Suspiro pelo dia da chegada dele.*

T

tachar *alg.* ou *alg. c.* **de** — atribuir uma característica negativa a alg. ou alg. c., pôr defeito em.
Ex.: Os irmãos tacharam-no de estúpido perante a família.

tapar(-se) com — cobrir com, pôr alg. c. sobre.
Ex.: Tapei-me com um edredon de penas. Tapei a panela com a tampa.

tardar a (+ *infin.*) — demorar a.
Ex.: O comboio tarda a chegar.

teimar com *alg.* — o m.q. insistir com alg.

teimar em — insistir em.
Ex.: Teimei em sair, mesmo sem autorização.

telefonar a alg. — comunicar com alg. por telefone.
Ex.: Telefonei ao meu amigo Luís.

telefonar de — comunicar por telefone de um lugar.
Ex.: Telefonei-lhe de uma cabina telefónica.

telefonar para — comunicar por telefone (para algum lugar).
Ex.: Ela telefonou para Londres. Telefonei para o consultório do médico.

temer por — o m.q. recear por.

temperar com/de — acentuar o sabor com/de.
Ex.: Temperei a salada com azeite. Temperei a sopa com/de sal.

tender a — ter tendência ou inclinação a.
Ex.: Ela tende a ser agressiva.

tender para — ter tendência ou inclinação para, pender para.
Ex.: Politicamente, o Nuno tende para a esquerda.

ter com — dizer respeito a, ter relação com.
Ex.: O que é que tens com isso? Não é da tua conta!

ter com *alg.* **(ir)** — encontrar-se com alg.
Ex.: Vou ter com a Manuela à faculdade às três horas.

ter *alg. c.* **contra** — opor-se a.
Ex.: Tens alguma coisa contra o facto de eu participar na manifestação pela paz?

ter de — dever, sentir necessidade premente.
Ex.: Tenho de acabar o trabalho antes do fim do mês.

ter *alg.* **por** — considerar como.
Ex.: Tenho-o por boa pessoa.

terçar por — lutar por.
Ex.: O escritor Jorge de Sena sempre terçou pela liberdade de expressão.

terminar com — acabar com, pôr fim a.
Ex.: Vamos terminar com a discussão!

terminar em — o m.q. acabar em.

terminar por — acabar, concluir por.
Ex.: Terminei pelo elogio dos meus colegas.

testemunhar contra — depor como testemunha contra alg.
Ex.: Testemunhei contra o polícia.

testemunhar por — depor como testemunha a favor de alg.
Ex.: Ela testemunhou pelo condutor multado injustamente.

tingir de — meter em tinta, colorir de.
Ex.: Tingiu o vestido de azul.

tirar *alg.* **ou** *alg. c.* **de** — [1] fazer sair de, [2] sacar de.
Ex.: [1] *A família tirou o Nuno da miséria. Tirei as chaves do bolso das calças.* [2] *Ele tentou tirar de mim o que eu sabia sobre ele, mas eu não disse nada (fig.).*

tiritar com/de — tremer com/de.
Ex.: A velhinha tiritava com/de frio.

tocar a *alg.* — [1] calhar a, [2] competir a, [3] dizer respeito.
Ex.: [1] *No sorteio tocou-lhe uma bicicleta.* [2] *Hoje toca ao Nuno fazer o jantar.* [3] *Não te metas no que não te toca!*

tocar em *alg.* **ou** *alg. c.* — pôr-se em contacto físico com, abordar.
Ex.: Toquei com a minha mão nas costas do António. Não toque nos objetos expostos!
Não toques nesse assunto que me incomoda (fig.).

toldar-se de — encobrir-se de, tornar-se escuro.
Ex.: O céu toldou-se de nuvens.

tolerar *alg. c.* **a** *alg.* — suportar, aceitar.
Ex.: Teve de tolerar muitas falhas à empregada porque precisava dela.

tomar *alg.* **ou** *alg. c.* **por** — confundir com.
Ex.: Tomei o Pedro pelo irmão gémeo.
Não se deve tomar a nuvem por Juno (prov.).

tombar sobre — o m.q. cair em/sobre.

torcer por — ser adepto de, desejar o sucesso ou a vitória de.
Ex.: Torço por ele, quero que ganhe o jogo. Torço pelo Benfica.

tornar a — repetir uma ação, voltar a.
Ex.: Tornou a telefonar-me, mas eu não quis falar com ele.
Tornou a casa já tarde.

torturar *alg.* **com** — o m.q. martirizar alg. com.

trabalhar por — fazer algum trabalho (por: motivo).
Ex.: Ele trabalha por gosto; trabalha por conta própria.

traduzir de-para — transladar de uma língua para outra.
Ex.: Traduzi uma carta de inglês para português.

traduzir-se em — [1] ser expresso por, corresponder a, [2] consistir em.
Ex.: [1] *A derrota do candidato a presidente traduz-se na baixa percentagem de votos.* [2] *É um boato que se traduz em provocar descontentamento entre os alunos.*

trajar de — vestir de.
Ex.: Ela trajava de amarelo.

transacionar com *alg.* — o m.q. negociar com alg.

transbordar de — expandir, extravasar de.
Ex.: *Transbordei de alegria com o nascimento do meu neto.*

transferir(-se) para — mudar(-se) de lugar ou posição.
Ex.: *Transferiram o António para outra secção da empresa.*
Ele transferiu-se para outro clube desportivo.

transfigurar-se em — tomar outra figura.
Ex.: *A atriz transfigurou-se em cigana para fazer o papel na peça.*

transformar *alg. c.* **em** — dar forma nova a.
Ex.: *Transformaram as frases complexas em frases simples.*

transformar-se com — mudar com.
Ex.: *Transformei-me muito com o passar dos anos.*

transformar-se em — mudar de forma, converter-se em.
Ex.: *Transformou-se numa pessoa extremamente calma.*

transigir com — condescender com.
Ex.: *Não transijo com má educação.*

transigir em — ceder em, pactuar em.
Ex.: *Por vezes, transijo em coisas pouco importantes.*

transitar de — passar, mudar de condição.
Ex.: *O João conseguiu transitar de ano, apesar de ter faltado muito às aulas.*

transitar para — mudar para.
Ex.: *Por razões de saúde, transitou para outra escola.*

transmitir *alg. c.* **a** *alg.* — comunicar alg. c. a alg.
Ex.: *Transmitiram a notícia ao pai do Nuno.*

transmitir para — o m.q. difundir para.

transtornar-se com — perturbar-se com.
Ex.: *Transtornámo-nos com aquela discussão violenta.*

tratar com — lidar com.
Ex.: *O professor trata com os alunos de modo muito cordial.*

tratar de — ocupar-se de, realizar uma ação.
Ex.: *Logo que recebeu o telefonema, tratou de se informar sobre os acontecimentos. Ao ver o polícia, o ladrão tratou de fugir.*

tratar de *alg.* **ou** *alg. c.* — [1] cuidar de, [2] ocupar-se de.
Ex.: [1] *Enquanto a Joana esteve doente, tratei sempre dela.* [2] *Eu não quero tratar desse problema agora.*

tratar *alg.* **por** — modo de se dirigir a alguém.
Ex.: *Eu não trato o meu diretor por "tu", trato por "o senhor".*

tratar-se de — consistir em, dizer respeito a.
Ex.: *Tratava-se de um assunto confidencial, por isso, não pôde responder aos jornalistas.*

trazer de-para — transportar de-para (aproximação).
Ex.: *Trouxe muitos presentes de Londres para Lisboa.*

treinar-se a — exercitar-se a.

Ex.: Preciso de me treinar a passar os textos em computador.

treinar(-se) para — exercitar(-se) para, preparar(-se) para.
Ex.: Ele está a treinar/-se para os próximos Jogos Olímpicos.

tremer com/de — estremecer com/de, tiritar com/de.
Ex.: Tremia com/de frio.

trepar a — subir a, elevar-se a.
Ex.: Dantes, eu trepava às árvores. A febre trepou a 40 graus (fig.).

tresandar a — deitar mau cheiro, deixar ver ou perceber de maneira óbvia.
Ex.: O teu cabelo tresanda a suor. A afirmação dele tresanda a hipocrisia.

trespassar com — atravessar de lado a lado, furar, repassar.
Ex.: Trespassaram o corpo da jovem com balas de pistola.

triunfar em — vencer em.
Ex.: Os atletas portugueses triunfaram em várias modalidades desportivas.

triunfar sobre — vencer, ter vantagem sobre.
Ex.: O sentido de humor triunfará sobre a estupidez.

trocar de — substituir, mudar de.
Ex.: Trocou de roupa para ir jantar fora.

trocar *alg. c.* **por** — substituir alg. c. por.
*Ex.: Troquei a vida agitada da cidade pela tranquilidade do campo.
Ela trocou o tapete grande por dois mais pequenos.*

troçar de — zombar de, escarnecer de, ridicularizar.
Ex.: Troçaram daquela aluna porque ela foi um pouco ridícula.

tropeçar em — embater com o pé contra alguma coisa.
Ex.: Tropecei numa pedra e caí.

U

uivar com/de — dar uivos com/de.
Ex.: O cão uivava com/de medo.

unir(-se) a — ligar a, juntar-se a, solidarizar-se com.
*Ex.: Uniste uma parte do tecido à outra?
Uni-me a eles para combatermos o tabagismo.*

unir-se contra — juntar-se contra.
Ex.: Os estudantes uniram-se contra os professores.

untar com — besuntar com, olear com.
Ex.: Untei a forma com manteiga para fazer o bolo.

usar de — empregar, fazer uso de.
Ex.: Ela usava de muita astúcia para subir profissionalmente.

usufruir de — gozar de, desfrutar de.
Ex.: Ele usufruiu da minha casa durante 11 anos, sem pagar nada.

utilizar-se de — usar, aproveitar-se de.
Ex.: A Amélia utiliza-se do meu telefone quando eu não estou em casa.

V

vacilar entre — hesitar entre, estar indeciso.
Ex.: A Joana vacilou entre ir para Medicina ou Farmácia.

vacilar perante — hesitar perante, oscilar perante.
Ex.: Vacilei perante uma decisão tão importante a tomar.

vacinar contra — introduzir uma vacina no organismo contra.
Ex.: Vacinei os meus cães contra a raiva.

vadiar por — vagabundear, mover-se de um lugar para outro sem fazer nada.
Ex.: Vadiava pela cidade, sem querer trabalhar.

vaguear por — percorrer sem rumo, deambular por.
Ex.: Vagueava pelas ruas da cidade, sem saber o que fazer.

valer-se de — servir-se de, utilizar, socorrer-se de.
*Ex.: Vale-se da sua posição política para conseguir benefícios pessoais.
Valeram-se da água que tinham levado, para não ficarem com sede.*

vangloriar-se a *alg.* — o m.q. gabar-se a alg.

vangloriar-se de — o m.q. gabar-se de.

variar de — mudar de.
Ex.: Variava constantemente de opinião.

variar entre — o m.q. oscilar entre.

varrer *alg.* **ou** *alg. c.* **de** — fazer desaparecer de.
Ex.: Varri o Jorge do meu pensamento (fig.). Varreu todas as folhas secas da varanda.

vasar em — o m.q. deitar em, despejar em.

velar por *alg.* — proteger, estar vigiando.
Ex.: A mãe vela pelos filhos.

vencer a — triunfar em.
Ex.: Venço-te sempre aos pontos.

vencer em — o m.q. triunfar em, conseguir uma vitória sobre.
Ex.: A atleta Rosa Mota venceu em muitas competições desportivas.

vencer por — triunfar por.
Ex.: Portugal venceu por 3-0, no jogo com a França.

vender *alg. c.* **a** *alg.* **por** — ceder por uma determinada quantia.
Ex.: Vendi o meu rádio ao António por cem euros.

ver-se perante — confrontar-se com, ter de enfrentar.
Ex.: A jovem viu-se perante uma gravidez indesejada.

vergar-se a — submeter-se a.
Ex.: A Leonor não se vergava às exigências do seu chefe.

versar sobre — incidir em.
Ex.: Hoje a lição versa sobre o fado de Coimbra.

vestir de — o m.q. trajar de.

viajar de — percorrer em viagem (meio de transporte).
Ex.: *Viajei de autocarro.*

viajar por — percorrer em viagem (através).
Ex.: *Viajámos por toda a Europa.*

vibrar com (*fig.*) — emocionar-se com, entusiasmar-se com.
Ex.: *Vibro sempre com a música de Fernando Lopes Graça.*

vibrar de — comover-se com, estremecer com.
Ex.: *Vibrei de comoção com o final do filme.*

viciar-se em — adquirir o vício de.
Ex.: *Infelizmente, ele viciou-se no álcool.*

vidrar em — encantar-se, extasiar-se com.
Ex.: *Os olhos vidraram-se-lhe na beleza daquela escultura. O jovem vidrou naquele programa de televisão.*

vigarizar *alg.* **em** — burlar, enganar alg. em.
Ex.: *Ele vigarizou-a em várias dezenas de euros.*

vincular-se a — ligar-se a.
Ex.: *Vinculou-se a um partido político.*

vingar-se de/em — desforrar-se de, punir.
Ex.: *Vingou-se do/no marido porque a traiu.*

vir a — deslocar-se a (por pouco tempo).
Ex.: *Venho a Portugal para participar num congresso.*

vir a (+ *infin.*) — atingir objetivo, realização progressiva de ação de aproximação.
Ex.: *Se você estudar muito, pode vir a falar português corretamente. Ela vem a descer a escada com cuidado.*

vir de — ¹deslocar-se de (meio de transporte), ²acabar de (+ *infin.*).
Ex.: ¹*Venho de avião.* ²*Era minha intenção saudar os alunos que vinham de chegar.*

vir em — viajar em meio de transporte específico.
Ex.: *Ela veio no comboio das oito e meia.*

vir para — deslocar-se para (longa demora).
Ex.: *Vim para Portugal, quero ficar cá.*

vir por — deslocar-se via.
Ex.: *Ela veio pela autoestrada para chegar mais depressa.*

virar(-se) para — o m.q. voltar(-se) para.

viver com — morar com, residir com, passar a vida.
Ex.: *Vivo com duas irmãs.*
Eles vivem com pouco dinheiro.

viver de — subsistir de.
Ex.: *Ele vive da ajuda dos amigos.*

viver em — morar em.
Ex.: *Vivo em Lisboa há treze anos.*

voltar a — tornar a vir a.
Ex.: *Voltou a casa, mas não conseguiu encontrar o guarda-chuva.*

voltar a (+ *infin*.) — tornar a, repetir uma ação.
Ex.: O telefone voltou a tocar. Ela voltou a casar.

voltar de — O m.q. regressar de.

voltar para — [1] regressar a (demora mais longa), [2] dirigir para.
Ex.: [1] O Heinz voltou para a Alemanha. [2] Voltaram os olhos para o céu.

voltar-se para — virar-se para.
Ex.: Voltei-me para ele e disse-lhe tudo o que pensava.

votar em — eleger por meio de voto.
Ex.: Votei sempre no mesmo partido político.

votar por — dar o voto em favor de.
Ex.: Votei por um regime democrático.

Z

zangar-se com — irritar-se com.
Ex.: Zanguei-me com ele, mas mais tarde reatámos relações.

zaragatear com — fazer zaragata, provocar desordem.
Ex.: As peixeiras zaragatearam com os polícias.

zarpar de (o navio) — levantar ferro, ir embora.
Ex.: O navio zarpou de Belém. Os alunos zarparam da escola (cal.).

zelar por — cuidar com desvelo, vigiar.
Ex.: Zelava pelo bem-estar dos amigos. Claro que zelo pelos meus interesses.

zombar de — o m.q. troçar de.